L. GAULTIER.

PETIT COURS

D'ÉTUDES ÉLÉMENTAIRES.

GRAMMAIRE.

OUVRAGES DE L'ABBÉ GAULTIER.

Revus par MM. de Blignières, Demoyeucourt, Ducr
(de Sixt) et Leclerc aîné, ses élèves.

———

———

Sous presse.

Exercices de grammaire, 1 vol. in-18.
Leçons d'histoire,   4 vol. in-18.

IMPRIMÉ CHEZ PAUL RENOUARD, rue Garancière, n 5, F. S.-G.

ELEMENS

DE

GRAMMAIRE FRANÇAISE,

EXTRAITS

DE LA GRAMMAIRE

DE L'ABBÉ GAULTIER,

NOUVELLE ÉDITION ENTIÈREMENT REFONDUE ET CONSIDÉRABLE-MENT AUGMENTÉE

PAR

DE BLIGNIÈRES, DEMOYENCOURT, DUCROS (DE SIXT) ET LE CLERC AÎNÉ,

SES ÉLÈVES.

PREMIÈRE ÉDITION.

PARIS.

JULES RENOUARD, LIBRAIRE,

RUE DE TOURNON, N° 6.

M DCCC XXIX.

Le *cours complet d'Études élémentaires pour les enfans*, par L'ABBÉ GAULTIER, comprenant la lecture, l'écriture, l'arithmétique, la géométrie, les langues française, latine, italienne, la géographie, la chronologie et l'histoire, l'art de penser et d'écrire, la musique etc., etc., se compose de vingt-deux volumes in-18, six volumes in-12, 7 cahiers in-folio et plusieurs boîtes et étuis. Le tout renfermé dans une boîte, coûte 66 francs.

Toute contrefaçon de cette Grammaire sera poursuivie suivant la rigueur des lois.

AVIS AUX INSTITUTEURS.

DONNER une leçon à apprendre et se borner ensuite à la faire réciter, ce n'est pas enseigner la grammaire. Si l'on veut que l'élève apprenne autre chose que des mots, si l'on veut qu'il comprenne ce qu'il apprend et qu'il retienne ce qu'il a compris, il faut se mettre toujours à sa portée, lui faire découvrir les règles par des exemples, l'amener à faire lui-même la définition et lui faire faire, par des exemples variés, l'application de ce qu'il a appris. Telle est la tâche qu'impose au maître la méthode de l'abbé Gaultier. Les *Instructions préliminaires* qui précèdent la *Grammaire* et l'ouvrage intitulé *Grammaire en action* indiquent aux parents et aux instituteurs les moyens à employer pour préparer l'esprit des enfants à l'étude de la grammaire ; là, ils trouveront expliqués, dans un ample détail, les trois exercices au moyen desquels les enfants doivent apprendre 1º *à distinguer les mots des sons* ; 2º *à faire l'énumération des mots d'une phrase* ; 3º *à partager les mots en trois classes principales.* Nous nous bornerons à donner ici quelques détails sur l'emploi des *jetons*, à l'aide desquels on peut rendre la leçon si intéressante ; sur la manière de faire *l'analyse grammaticale*, et sur le jeu des *étiquettes*.

Si l'enseignement est simultané, l'instituteur donne à chaque élève un certain nombre de *jetons* pour enjeu. Toutes les fois que l'élève interrogé répond bien, il reçoit un jeton ; toutes les fois qu'il se trompe, il en paie un, soit au maître, soit à l'élève qui le reprend. C'est d'abord au voisin de droite à corriger ; s'il ne sait pas, la parole passe au suivant, et ainsi de suite. Le maître ne doit reprendre lui-même que lorsque aucun élève n'a pu le faire.

A la fin de la leçon, les élèves comptent leurs jetons ; celui qui en a gagné le plus est proclamé *président*, celui qui vient immédiatement après est *sous-président*. A la leçon suivante, le premier se place à la droite de l'instituteur et le second à sa gauche. Le maître doit distribuer

c.

les jetons avec exactitude et interroger tous les élèves un nombre égal de fois, afin de donner à tous des chauces égales de succès. Si l'enseignement est individuel, on peut encore employer les jetons avec avantage. Le maître établit la lutte entre lui et l'élève : celui-ci gagne un jeton pour chaque bonne réponse ; en perd un toutes les fois qu'il se trompe ; à la fin de la leçon, le maître compte les jetons gagnés par l'élève. Il en tient compte et fixe une récompense pour une certaine somme de jetons.

Pour faire l'*analyse grammaticale*, il faut avoir une feuille de papier, une ardoise ou un tableau noir partagé en dix colonnes. Dans une marge à gauche, on écrira les mots de la phrase à analyser les uns au-dessous des autres. Dans la première colonne, on indiquera à laquelle des trois parties primitives du discours, et dans la seconde à laquelle des dix parties secondaires du discours chaque mot appartient ; dans la troisième, la quatrième et la cinquième, on marquera le genre, le nombre et le cas des noms ; dans la sixième, la septième, la huitième et la neuvième, on indiquera le nombre, la personne, le temps en général et le mode du verbe personnel. Dans la dixième, on indiquera toutes les divisions et les subdivisions des dix parties du discours. On pourra n'écrire que les lettres initiales de chaque mot : subs. pour substantif, etc. *Exemple :*

	1	2	3	4	5	6	7	8	9	10
Paul	nom.	subst.	masc.	sing.	nom. de vient	. . .	. . .	. . .	. . .	pro.
ne	part.	adv.	. . .	. . .	. . .	. . .	. . .	. . .	. . .	nég.
vient	verb.	pers.	. . .	. . .	. . .	sing.	3ᵉ p.	pré.	ind.	2ᵉ c. neut.
plus	part.	adv.	. . .	. . .	. . .	. . .	. . .	. . .	. . .	nég.
te	nom.	pro.	masc.	sing.	acc. de voir	. . .	. . .	. . .	. . .	pers.
voir.	verb.	inf.	. . .	. . .	. . .	. . .	. . .	. . .	. . .	3ᵉ c. act.

Dans l'enseignement simultané, le maître, au lieu de faire lui-même toutes les questions auxquelles donne lieu cette analyse, doit exercer les élèves à se proposer les questions entre eux; cette marche est d'autant plus utile à leur instruction, que, dans cet exercice, celui qui fait la demande est obligé de songer à la question et à la réponse en même temps. Lorsque l'élève a répondu, le maître doit lui demander ou lui faire demander par un autre élève la raison de sa réponse; raison qu'il trouve toujours dans la définition : par ce moyen on s'assure que l'enfant a raisonné et qu'il ne doit pas sa réponse au hasard. Exemple :

PAUL. Quelle espèce de mot? *Nom*. Pourquoi? Parce qu'il exprime une personne. — Quelle espèce de nom? *Substantif*. Pourquoi? Parce qu'il exprime une personne. Quel genre? *Masculin*. Pourquoi? parce qu'il exprime un mâle. — Quel nombre? *Singulier*. Pourquoi? parce qu'il exprime une seule personne. — Quel cas? *Nominatif*. Pourquoi? Parce qu'il exprime la personne qui fait l'action de venir. — Quelle espèce de substantif? *Propre*. Pourquoi? Parce qu'il ne convient pas à tous les individus de la même espèce.

Chaque élève fait à son tour sur le tableau l'analyse d'un mot de la phrase; lorsqu'il se trompe, il est sur-le-champ remplacé au tableau par l'élève qui l'a corrigé. Pour exercer les élèves à l'analyse grammaticale, il ne faut point attendre qu'ils aient vu toute la première partie de la grammaire : il suffit qu'ils sachent ce qu'il faut pour remplir les deux premières colonnes; ils remplissent successivement les autres à mesure qu'ils avancent dans la grammaire.

Les enfans oublient promptement ce qu'ils ont appris; pour le graver dans leur mémoire, il y faut revenir souvent; voici comment on peut le faire. On met dans un sac autant d'*étiquettes*, ou de boules étiquetées que les élèves savent de définitions, et l'on place sous leurs yeux le *Tableau généalogique des rapports de la grammaire* joint à l'*Atlas de grammaire*. Chaque élève tire successivement du sac un des numéros ou boules étiquetées, il le place sur la case correspondante du tableau et en fait l'*explication*. — Faire l'explication d'un numéro ou boule, c'est 1° *donner* la définition ; 2° *citer* quelques exemples ; 5° *appliquer* un de ces exemples dans une phrase. Ainsi pour le n° 16, *substantif masculin*, l'instituteur dira : *Qu'est-ce qu'un substantif masculin?* L'élève répondra : C'est un substantif qui exprime un mâle, ou qui peut être précédé par les mots *le*, *un*. (Un jeton.) INST. *Donnez des exemples de substantifs masculins.* EL. L'homme, le jardin, un rossignol. (Trois jetons.) INST. *Faites une phrase où se trouve le substantif* jardin. EL. Mon jardin est fort joli. (Un jeton.)

Si l'élève rappelle quelque trait d'histoire, comme *le jardin où furent placés Adam et Ève s'appelait le paradis terrestre*: ou s'il exprime quelque pensée utile, quelque vérité morale, le maître récompensera le mérite de la phrase par un nombre proportionné de jetons.

ÉLÉMENS DE GRAMMAIRE

EXTRAITS DES LEÇONS

DE GRAMMAIRE

DE L'ABBÉ GAULTIER.

PREMIÈRE PARTIE.

GRAMMAIRE PROPREMENT DITE OU GÉNÉRALE.

LEÇON PRÉLIMINAIRE.

Qu'est-ce que la Grammaire ? C'est l'art de parler et d'écrire correctement.

Qu'emploie-t-on pour parler et pour écrire ? On emploie des mots.

De quoi les mots sont-ils composés ? Ils sont composés de lettres.

Combien y a-t-il de sortes de lettres ? Il y a deux sortes de lettres, les *voyelles* et les *consonnes*.

Comment divise-t-on les voyelles ? Les *voyelles*, ainsi appelées parce que seules elles forment une voix, un son, se divisent en *simples* et en *composées*. Les voyelles simples sont : *a, e, é, è, i, o, u, y.* Les voyelles composées sont : *eu, ou, an, in, on, un.* Les quatre dernières sont appelées voyelles *nasales*, parce qu'on les prononce un peu du nez.

Comment nomme-t-on les trois sortes d'e ? On les appelle *e muet, é fermé, è ouvert.* Le son d l'*e* muet est sourd et peu sensible, comme dan *me, table, livres, ils portent,* et quelquefois nul, comme dans *je prie, dévouement.* L'*é* fermé se pro nonce la bouche presque fermée, comme dans *bonté, danger, nez.* On prononce l'*è* ouvert, la bouche ouverte et en desserrant les dents. Exem- ples : *Procès, modèle, jette.*

Comment l'y se prononce-t-il ? Lorsqu'il est précédé d'une voyelle, il se prononce comme deux *i*; dans tout autre cas, il n'a que la valeur de l'*i* simple. Exemples : *Paysan* (pai-isan), *es- suyer* (essui-ier), *martyr* (martir).

Comment classe-t-on les voyelles par rapport à la manière dont on les prononce ? En voyelles *longues* et en voyelles *brèves.* Les voyelles *longues* sont celles sur lesquelles on appuie long-temps en les prononçant; les voyelles *brèves* sont celles sur lesquelles on passe rapidement. Ainsi, *a* est long dans *pâte* et bref dans *patte.* *e* est long dans *tempête* et bref dans *trompette.* *i* est long dans *gîte* et bref dans *petite.* *o* est long dans *apôtre* et bref dans *devote.* *u* est long dans *flûte* et bref dans *butte.* *eu* est long dans *jeûne* (abstinence) et bref dans *jeune* (qui n'est pas âgé). *ou* est long dans *croûte* et bref dans *doute.*

Quelles sont les consonnes ? Ce sont *b, c, d, f, g, h, j, k, l, m, n, p, q, r, s, t, v, x, z.* Ces lettres se nomment *consonnes,* parce qu'elles ne peuvent exprimer un son qu'avec le secours des voyelles.

Qu'entend-on par h *muette et* h *aspirée ?* L'*h* muette est celle qui n'ajoute rien à la prononciation, comme dans ces mots : l'*homme*, l'*histoire*, qu'on prononce comme s'il y avait.l'*omme*, l'*istoire*. L'*h* aspirée est celle qui fait prononcer avec aspiration, c'est-à-dire du gosier, la voyelle qui suit. Ainsi on écrit et on prononce séparément : le *hameau*, la *haine*, les *haricots*. On ne pourrait ni écrire, ni prononcer l'*hameau*, l'*haine*; on ne dit pas les *zaricots*.

Qu'est-ce qu'une syllabe ? C'est une ou plusieurs lettres qui se prononcent par une seule émission de voix. Exemples : *a, ba, bla, blan*.

Comment appelle-t-on les mots d'après le nombre de syllabes qui les composent ? Les mots formés d'une syllabe se nomment *monosyllabes*. Exemples : *gant, Paul;* et les mots formés de plusieurs syllabes s'appellent *polysyllabes*. Exemples : *A-mi, ta-bou-ret, a-gré-a-ble-ment*.

Tout assemblage de lettres ou de syllabes forme-t-il un mot ? Non. Pour qu'un assemblage de lettres ou syllabes forme un mot, il faut qu'il soit le signe d'une idée, autrement ce ne serait qu'un son de la voix, un bruit insignifiant.

Comment appelle-t-on tout assemblage de mots qui forment un sens complet ? On l'appelle *phrase*.

Combien y a-t-il de mots dans cette phrase : Venez embrasser votre maman ? Il y en a quatre : *Venez—embrasser—votre—maman*.

*N'y a-t-il pas des monosyllabes qui semblent

n'exprimer aucune idée par eux-mêmes et qui cependant sont des mots ? Oui , ce sont: *Le, la , les , du , des, au , aux ,* qu'on nomme *articles*; ils précèdent les mots qui expriment des personnes ou des choses.

Donnez des exemples de l'emploi de ces articles. *Le* roi , *la* plume, *les* doigts, *du* pain , *des* livres, *au* jardin, *aux* hommes.

Quels sont les monosyllabes qui perdent quelquefois leur voyelle finale ? Ce sont : *Je, me, te , se, ce, de, ne, le, la, que.* Ces mots perdent la voyelle qui les termine lorsqu'ils sont suivis d'un mot qui commence par une voyelle. Cette suppression d'une voyelle se nomme *élision*.

Par quel signe indique-t-on l'élision ? Par ce signe ('), qu'on appelle *apostrophe* et qui tient lieu de la voyelle retranchée.

Donnez des exemples d'élision.

j'espère gagner ,	*pour*	JE espère gagner.
il M'aime ,	——	il ME aime.
je T'écoute,	——	je TE écoute.
elle s'amuse ,	——	elle SE amuse.
c'est plaisant,	——	CE est plaisant.
fleur D'orange ,	——	fleur DE orange.
N'oublie pas ,	——	NE oublie pas.
je crains L'orage ,	——	je crains LE orage.
L'aurore paraît,	——	LA aurore paraît.
QU'avez-vous ?	——	QUE avez-vous ?

La voyelle *i* s'élide dans *si*, quand ce mot est suivi de *il, ils.* Exemples : *S'il* vient, *s'ils* viennent, pour *si il* vient, *si ils* viennent.

En combien de classes peut-on ranger tous les mots d'une langue? En trois classes, savoir : le NOM, le VERBE et la PARTICULE.

CHAPITRE PREMIER.
PARTIES PRIMITIVES DU DISCOURS.

NOM, VERBE, PARTICULE.

1.

Qu'est-ce qu'un NOM *en général?* C'est tout mot qui exprime une personne ou une chose, ou la qualité d'une personne ou d'une chose. (1)

Exemples : *Victor, vous, messager, appartement, méchant, joli.*

Combien y a-t-il d'espèces de noms ? Il y en a trois : le SUBSTANTIF, l'ADJECTIF et le PRONOM.

2.

Qu'est-ce qu'un VERBE *en général?* C'est tout mot qui exprime l'existence, la possession ou l'action, c'est-à-dire

---

(1) Par nom de qualité on n'entend pas seulement les mots qui expriment des qualités bonnes ou mauvaises ; comme *aimable, méchant,* mais tout mot qui détermine le sens d'un nom de personne ou de chose, comme *ce, chaque, aucun.* Ex. : *Ce cheval, chaque homme, aucun enfant.*

qu'une personne ou une chose EST, A OU AGIT.

Exemples : *être*, *avoir*, *courir*, je *suis*, j'*avais*, je *courrai*; *été*, *ayant*, *couru*, *courant*.

De combien de manières le même verbe est-il employé dans le discours? De trois manières : comme PERSONNEL, comme INFINITIF OU RADICAL et comme PARTICIPE.

3.

Qu'est-ce qu'une PARTICULE *en général* (1)? C'est tout mot qui n'est ni nom ni verbe.

Exemples : *dans*, *bien*, *mais*, *oh*, etc.

En quoi la particule diffère-t-elle essentiellement du nom et du verbe ? Le nom et le verbe sont des mots variables, c'est-à-dire dont la terminaison change; la particule, au contraire, est invariable. *Bon*, *bons*, *bonne*, *bonnes*, sont différentes formes d'un même nom. Les particules *dans*, *bien*, *mais*, *oh*, ne sont susceptibles d'aucun changement.

Combien y a-t-il d'espèces de particules ? Il y en a quatre, qui sont la PRÉPOSITION, l'ADVERBE, la CONJONCTION et l'INTERJECTION.

____

(1) Cette dénomination de *particule* ne doit pas donner l'idée d'un petit mot, d'un monosyllabe, mais d'une partie moins importante du discours, d'un mot enfin qui n'est pas indispensable comme le nom et le verbe, pour constituer une proposition.

CHAPITRE II.

PARTIES SECONDAIRES DU DISCOURS.,

§ I. *Substantif, adjectif, pronom.*

4.

Qu'est-ce qu'un SUBSTANTIF ? C'est un nom qui exprime une personne ou une chose, et avant lequel on peut mettre l'un des mots *le, la, un, une, grand, petit, bon, mauvais.*

Exemples : *soldat, Jules, Eugénie, lune, ciel, vérité, mensonge,* etc.

Faites voir comment les noms Jules, Eugénie, lune, etc., *sont des adjectifs.* C'est qu'ils expriment des personnes ou des choses, et qu'on peut dire *le* soldat, *petit* Jules, *bonne* Eugénie, *la* lune, *le* ciel, *une* vérité, *un* mensonge.

Comment appelle-t-on les substantifs qui expriment des objets qui n'existent que dans notre esprit ou qui ne peuvent tomber sous nos sens ? On les nomme ABSTRAITS : tels sont *raison, franchise, travail.*

Comment divise-t-on les substantifs ? En substantifs PROPRES et en substantifs COMMUNS.

Qu'y a-t-il à connaître dans les substantifs ? Trois choses : le GENRE, le NOMBRE et le CAS.

Combien y a-t-il de genres, de nombres et de cas ? Il y a deux GENRES, le masculin et le féminin ; deux NOMBRES, le singulier et le pluriel ; six CAS, le nominatif, le génitif, le datif, l'accusatif, le vocatif et l'ablatif.

5.

Qu'est-ce qu'un ADJECTIF ? C'est un nom qui se joint à un substantif pour en exprimer la qualité ou en déterminer le sens.

Exemples : *Utile, studieux, rouge, cet, quel, chaque,* etc.

Faites voir comment les mots utile, studieux, rouge *sont des adjectifs.* Ils sont adjectifs parce qu'ils peuvent qualifier des substantifs, c'est-à-dire en exprimer une qualité. Ainsi, quand on dit : livre *utile,* enfant *studieux,* habit *rouge,* les mots *utile, studieux, rouge* sont des adjectifs parce qu'ils expriment la qualité des substantifs *livre, enfant, habit.*

Faites voir comment les mots cet, quel, chaque *sont des adjectifs.* Ils sont adjectifs parce qu'ils déterminent le sens des substantifs auxquels ils sont joints. Ainsi, quand on dit : *cet* enfant joue, *quel* enfant joue, *chaque* enfant joue, les mots *cet, quel* et *chaque* indiquent trois manières différentes d'envisager le substantif *enfant.*

Comment divise-t-on les adjectifs ? En deux classes, en adjectifs QUALIFICATIFS et en adjectifs DÉTERMINATIFS.

Qu'y a-t-il à connaître dans les adjectifs ? Le

genre, le nombre et le cas, comme dans les substantifs.

6.

Qu'est-ce qu'un pronom? C'est un
nom qui se met ordinairement à la place
d'un substantif qu'on a déjà nommé, ou
qu'on veut éviter de nommer.

Exemples : *Il, elle, cela, nous,* etc.
Faites voir comment, en se servant du pronom
il, *on peut éviter la répétition d'un substantif.* Au
lieu de dire : Paul est étourdi, mais *Paul* a bon
cœur ; voyez ce limaçon, ce *limaçon* est sorti de
sa coquille, on dira : Paul est étourdi, mais *il* a
bon cœur ; voyez ce limaçon, *il* est sorti de sa
coquille.

*Faites voir comment le pronom peut représen-
ter des personnes que l'on veut éviter de nommer.*
Quand on dit aux trois enfans *Aglaé, Jules* et
Henri : Si *vous* êtes studieux, on *vous* récompensera, les deux pronoms *vous* expriment les
trois enfans qu'on a voulu éviter de nommer.
C'est comme si l'on avait dit : si *Aglaé, Jules*
et *Henri* sont studieux.

*Le pronom, comme le substantif, ne peut-il pas
être qualifié par des adjectifs ?* Oui, par exemple
quand on dit : Il est *riche* et *bienfaisant,* les deux
adjectifs *riche* et *bienfaisant* qualifient le pronom il.

Comment divise-t-on les pronoms ? En person-

NELS , POSSESSIFS , DÉMONSTRATIFS , RELATIFS , IN-
TERROGATIFS et INDÉFINIS.

Qu'y a-t-il à connaître dans tous les pronoms ?
Trois choses : le GENRE, le NOMBRE et le CAS,
comme dans les substantifs et les adjectifs.

§. II. *Verbe personnel, infinitif ou radical, participe.*

7.

Qu'est-ce qu'un verbe PERSONNEL? C'est
un verbe qui se lie ou peut se lier à
l'un des pronoms *je, tu, il, elle, nous,
vous, ils, elles,* ou à un *substantif.*

Exemples : Je *suis,* tu *as,* il *ira,* elle *était,*
Paul *travaille,* les enfans *causent.*

*Les verbes personnels ne peuvent-ils pas se
joindre à d'autres pronoms ?* Oui, car on peut
dire : *Chacun* sait, *quiconque* joue, celui *qui* sait,
celui *qui* joue, etc.

*Qu'y a-t-il à connaître dans le verbe person-
nel ?* Quatre choses : les NOMBRES, les PERSONNES,
les TEMPS, et les MODES.

*Combien le verbe personnel a-t-il de nombres,
de personnes, de temps et de modes ?* Il a deux
NOMBRES, savoir : le *singulier* et le *pluriel*; trois
PERSONNES, qui sont : la *première,* la *seconde* et
la *troisième*; trois TEMPS principaux, savoir : le
présent, le *passé* et l'*avenir*; quatre MODES : qui
sont : l'*indicatif,* l'*impératif,* le *subjonctif* et le
conditionnel.

8.

Qu'est-ce qu'un verbe INFINITIF *ou* RADICAL? C'est un verbe qui exprime d'une manière générale l'existence, la possession ou l'action, et qui se lie ou peut se lier aux mots *je veux, je peux, je dois.*

Exemples : *Être, avoir, aimer, finir, recevoir, rendre.*

Pourquoi les verbes être, avoir, aimer, finir, recevoir *et* rendre *sont-ils des infinitifs?* Ce sont des infinitifs 1° parce qu'ils expriment l'existence, la possession ou l'action d'une manière générale, c'est-à-dire sans désigner, ni *quelles personnes*, ni *combien de personnes* sont, ont ou agissent, ni *dans quel temps* on est, on a ou on agit; 2° parce qu'ils peuvent se lier aux mots *je veux, je peux, je dois.* En effet, on peut dire : *je peux* être, *je veux* avoir, *je dois* aimer.

Comment divise-t-on le verbe infinitif ou radical? En infinitif PRÉSENT OU RADIDAL SIMPLE, et en infinitif PASSÉ OU RADICAL COMPOSÉ.

9.

Qu'est-ce qu'un PARTICIPE? C'est un verbe qui participe du nom, ressemble à un adjectif, et se lie ou peut se lier, soit au verbe *être* ou au verbe *avoir*, soit à la particule *en.*

Exemples : *Amusé, fini, reçu, amusant, fi-nissant, recevant.*

Combien chaque verbe a-t-il de participes ? Il en a deux dont l'un est toujours terminé en *ant,* c'est celui qui peut se joindre à la particule *en ;* et l'autre a différentes terminaisons, c'est celui qui peut se joindre au verbe *être* ou au verbe *avoir.*

Que faut-il faire pour s'assurer si un mot est un participe ? Il faut examiner 1° si ce mot est un verbe ; 2° s'il exprime une qualité ; 3° s'il est joint où s'il peut se joindre, soit au mot *en,* soit au verbe *être* ou au verbe *avoir.*

Montrez, d'après cela, comment les verbes amusé, fini, reçu, amusant, finissant, recevant *sont des participes.* 1° Ce sont des verbes, car ils expriment l'action d'*amuser,* de *finir,* de *recevoir ;* 2° ils ressemblent à des adjectifs et expriment en quelque sorte une qualité : on dit une personne *amusée,* une chose *reçue ;* 3° ils peuvent se joindre aux verbes *être* et *avoir* ou au mot *en ;* on peut dire *être amusé, avoir amusé, être fini ; avoir fini, en amusant,* etc.

Comment se termine le plus ordinairement le participe non terminé en ANT ? De trois manières, en É, en I et en U ; exemples : *aimé, senti, cru,* etc.

Comment divise-t-on tous les participes ? En ACTIFS et en PASSIFS.

§ III. *Préposition, adverbe, conjonction et interjection.*

10.

Qu'est-ce qu'une PRÉPOSITION ? C'est une particule qui se met avant un substantif ou un pronom, et sert à déterminer le sens des phrases.

Exemples : *de, à, avec, contre,* etc.

Montrez comment, par exemple, les prépositions de, avec, pour, contre, *jointes au substantif* Nanette, *ou au pronom* lui, *changent et déterminent le sens des phrases.* Quand on dit : Je parle DE *Nanette,* AVEC *Nanette,* POUR *Nanette,* CONTRE *Nanette,* je parle DE *lui,* AVEC *lui,* POUR *lui,* CONTRE *lui,* les prépositions *de, avec, pour,* et *contre* jointes au substantif *Nanette,* ou au pronom *lui,* changent selon le sens de la phrase.

Le substantif ou le pronom suit-il toujours immédiatement la préposition ? Non, il en est souvent séparé par l'un des mots *le, la, les,* qui forment une classe particulière de prépositions, et par un ou plusieurs adjectifs. Exemples : SUR le *gazon ;* POUR la vraie *gloire ;* DANS une superbe *maison.*

N'y a-t-il pas des prépositions qui se joignent aussi à des verbes ? Oui : il y en a sept, dont l'une se joint au participe en *ant,* une à l'infinitif *être* ou *avoir,* et cinq à tous les infinitifs.

Quelle est la préposition qui se joint au parti-

cipe en ANT ? C'est la préposition EN. Exemple : EN *courant.*

Quelle est la préposition qui ne se joint qu'aux infinitifs ÊTRE *et* AVOIR ? C'est la préposition APRÈS.

Dans quel cas la préposition APRÈS *se joint-elle aux mots* être *et* avoir ? C'est lorsque ces mots sont suivis d'un participe. Exemples : APRÈS avoir *couru,* APRÈS être *tombé.*

Quelles sont les cinq prépositions qui se joignent à tous les verbes infinitifs ? Ce sont *de, à, pour, sans, par ;* exemples : DE parler, A écrire, POUR ehtendre, SANS travailler, PAR écouter.

Parmi ces prépositions, quelle est celle qui ne se joint aux verbes infinitifs que lorsqu'elle est précédée elle-même d'un verbe qui exprime l'action de commencer *ou celle de* finir ? C'est la préposition PAR : Exemples : Il commence PAR écouter, il finit PAR entendre.

Comment divise-t-on les prépositions ? En prépositions PROPREMENT DITES, et en ARTICLES.

11.

Qu'est-ce qu'un ADVERBE ? C'est une particule qui se joint à des verbes ou à des adjectifs, et en détermine le sens.

Exemples : *Ici, là, assez, peu, bien, mal,* etc.

Montrez comment les adverbes ici, là, bien, mal, *joints au verbe* danser, *fixent et déterminent le sens de ce verbe.* Quand on dit : Jules danse *ici,* Jules danse *là,* Jules danse *bien,* Jules danse *mal,* les adverbes *ici* ou *là* déterminent *le lieu* où

Jules danse ; et les adverbes *bien* ou *mal* déterminent *la manière* dont Jules danse.

Montrez comment les adverbes assez *et* peu, *joints à l'adjectif* content *ou* contente, *fixent et déterminent le sens de cet adjectif.* Quand on dit : Anne est *assez* contente, Anne est *peu* contente, les adverbes *assez* et *peu* déterminent le sens de l'adjectif *content*, et font comprendre *à quel point* Anne est contente.

L'adverbe ne se joint-il qu'aux verbes et aux adjectifs ? Il y a quelques adverbes qui se lient à d'autres adverbes. Exemples : Il parle TRÈS *éloquemment*, Il est PRESQUE *toujours* content.

Qu'est-ce qu'une expression adverbiale ? C'est une expression qui remplace un adverbe, et qui est composée d'une préposition jointe à un substantif. Exemples : *Dans ce jour, avec patience.*

Comment les mots dans ce jour, avec patience, *sont-ils une expression adverbiale ?* C'est qu'ils peuvent tenir la place des adverbes *aujourd'hui, patiemment.*

Qu'est-ce qu'une phrase adverbiale ? C'est une phrase entière qui remplace un adverbe. Exemple : *Dans le lieu où nous sommes.*

Montrez comment la phrase, Dans le lieu où nous sommes, *est adverbiale.* C'est qu'elle peut remplacer l'adverbe *ici.*

En quoi la phrase adverbiale diffère-t-elle de l'expression adverbiale ? En ce que la phrase adverbiale contient toujours un verbe personnel, et que l'expression adverbiale n'en contient pas, n'étant composée que d'une préposition jointe à un substantif.

Ne pourrait-on pas diviser tous les adverbe n deux grandes classes ? Oui, en adverbes SIMPLES, qui s'expriment par un seul mot ; tels sont : *bien, toujours, hier,* et en adverbes COMPOSÉS, qui s'expriment par plusieurs mots ; tels sont : *long-temps, là-bas, d'abord,* etc.

Combien y a-t-il d'espèces d'adverbes, soit simples, soit composés ? Il y en a sept espèces, savoir : de TEMPS, de LIEU, de QUALITÉ, de QUANTITÉ, d'INTERROGATION, de NÉGATION et d'AFFIRMATION.

12.

Qu'est-ce qu'une CONJONCTION ? C'est une particule qui lie les phrases les unes aux autres, et en forme un ensemble.

Exemples : *Ou, si, mais, et, donc, parce que, c'est-à-dire, d'ailleurs, que, lorsque,* etc.

Montrez comment, quand on dit : Elle s'amuse ET elle joue, *le mot* ET *est une conjonction ?* C'est qu'il lie la phrase, *Elle s'amuse,* à la phrase, *Elle joue.*

Et quand on dit, Tu sortiras *si* je rentre, *comment le mot* SI *est-il une conjonction ?* C'est qu'il lie la phrase, *Tu sortiras,* à la phrase, *Je rentre,* et que des deux phrases il n'en fait qu'une.

Et quand on dit, Rose et Lydie sont ici, *comment la conjonction* ET *lie-t-elle deux phrases en-*

semble , car elle ne semble lier que deux mots ? Elle lie cependant deux phrases ; car Rose et Lydie sont ici , veut dire *Rose est ici* (voilà la première phrase); *Lydie est ici* (voilà la seconde phrase).

Les conjonctions se trouvent-elles toujours placées au milieu des deux phrases qu'elles lient ? Non ; il y a des conjonctions qui se trouvent quelquefois au commencement du discours , mais qui cependant peuvent être toujours placées entre les deux phrases qu'elles lient. Au lieu de dire , par exemple , *si* vous êtes bon enfant , on vous aimera, on peut dire, on vous aimera, *si* vous êtes bon enfant.

Ne peut-on pas diviser toutes les conjonctions en deux classes ? Oui ; en conjonctions SIMPLES , qui s'expriment par un seul mot ; telles sont : *Or, car , ni ;* et en conjonctions COMPOSÉES, qui s'expriment par plusieurs , telles sont : *Tandis que , au reste , à moins que.*

13.

Qu'est-ce qu'une INTERJECTION ? C'est une particule qui exprime un sentiment subit que l'âme éprouve.

Exemples : *Aïe ! hélas ! ah ! chut ! fi !*
N'y a-t-il pas des noms, des verbes et des adverbes qui son pris accidentellement comme interjections ? Oui ; tels sont les mots : *Bon ! paix ! courage ! tant mieux ! allons !*

CHAPITRE III.

SUBDIVISIONS, GENRE, NOMBRE, ET CAS DU SUBSTANTIF.

§ I. *Substantifs propres et substantifs communs.*

14.

QU'EST-CE *que les substantifs* PROPRES ? Ce sont ceux qui ne peuvent convenir à tous les individus d'une même espèce.

Exemples : *Alexandre, Rome, la Seine.*

15.

Qu'est-ce que les substantifs COMMUNS? Ce sont ceux qui conviennent à tous les individus ou à tous les objets de la même espèce.

Exemples : *arbre, ville, soldat.*

§ II. *Genre des substantifs.*

16.

Qu'est-ce que les substantifs du GENRE MASCULIN ? Ce sont ceux qui désignent un mâle, ou qui sont ou peuvent être précédés des mots *le, un.*

Exemples : *Philippe, cheval, livre, arbre.*

Pourquoi ces noms sont-ils masculins ? Philippe et *cheval* sont du genre *masculin* parce qu'ils désignent des *mâles* ; *livre* et *arbre* , parce qu'on peut dire *le* livre , *un* arbre.

17.

Qu'est - ce que les substantifs du GENRE FÉMININ ? Ce sont ceux qui désignent une femelle, ou qui sont ou peuvent être précédés des mots *la* , *une*.

Exemples : *Angélique* , *plume*, etc.

Pourquoi ces noms sont-ils féminins ? Angélique est *féminin* , parce qu'il désigne une femelle ; plume est *féminin* , parce qu'on peut dire *la* plume, *une* plume.

§ III. *Nombre des substantifs.*

18.

Qu'est - ce que les substantifs de NOMBRE SINGULIER ? Ce sont ceux qui désignent une seule personne ou une seule chose ; ils peuvent être précédés par les mots *le* ou *la*, *un* ou *une*.

Exemples : le *cheval*, la *pendule* , un *livre* , une *plume*.

19.

Qu'est - ce que les substantifs de NOMBRE PLURIEL ? Ce sont ceux qui expriment plusieurs personnes ou plusieurs choses ; ils peuvent être précédés des mots *les, des, aux.*

Exemples : les *chevaux,* des *livres,* aux *pendules.*

§ IV. *Cas des substantifs.* (1)

20.

Qu'est - ce qu'un substantif de CAS NOMINATIF ? C'est un substantif qui exprime une personne ou une chose qui EST, qui A, ou qui AGIT. Il est souvent précédé des mots *le, la, les.*

Dans ces phrases : Le maître est indulgent, La bonne a un bouquet, Les enfans jouent, *comment les substantifs* maître, bonne, enfans, *sont-ils au nominatif* ? Ils sont au nominatif : *le maître,* parce que c'est lui qui EST ; *la bonne,* parce que c'est elle qui A ; *les enfans,* parce que ce sont eux qui AGISSENT, et qui font l'action de jouer.

21.

Qu'est-ce qu'un substantif de CAS ACCUSATIF ? C'est un substantif qui désigne une personne, ou une chose recevant

______

(1) On prend ici le mot *cas* pour exprimer la différence des rapports qu'un même nom peut avoir dans le discours, ou les différentes circonstances dans lesquelles il est employé. (Voy. *Leçons de Grammaire.*)

l'action exprimée par le verbe. Il est souvent précédé des mots *le, la, les.*

Dans ces phrases : Le secrétaire lit la lettre , Le domestique fait le lit, Le jardinier cueille les fruits, *comment les substantifs*, lettre , lit , fruits, *sont-ils à l'accusatif ?* Ils sont à l'accusatif : la *lettre*, parce qu'elle reçoit l'action d'être lue ; le *lit*, parce qu'il reçoit l'action d'être fait ; les *fruits*, parce qu'ils reçoivent l'action d'être cueillis.

En quoi l'accusatif diffère-t-il du nominatif, *puisqu'ils sont tous les deux précédés des mots* le, la, les? C'est que le nominatif indique la personne ou la chose qui fait l'action, tandis que l'accusatif indique celle qui la reçoit , et que le plus ordinairement le nominatif précède le verbe , tandis que l'accusatif le suit. Ainsi quand on dit : *Les Grecs vainquirent les Perses*, les substantifs *Grecs* et *Perses* sont tous deux précédés du mot *les*, mais le premier indique les personnes qui firent l'action, et le second celles qui la reçurent. Le premier, qui est au nominatif, précède le verbe, le second, qui est à l'accusatif, le suit.

Le substantif placé après les verbes qui expriment l'existence ou l'état, tels que être, devenir, *est-il à l'accusatif?* Non , puisque ce substantif ne reçoit point une action. Il est au nominatif. Ainsi quand on dit : César fut un habile *général*, Paul deviendra notre *ami*, les substantifs *général* et *ami* sont au cas nominatif, parce qu'ils expriment en quelque façon la qualité des substantifs *César* et *Paul* qui sont au nominatif.

22.

Qu'est-ce qu'un substantif de CAS GÉNITIF? C'est un substantif qui, par le moyen des mots *de, de la, du, des,* se joint à un autre substantif qui le précède et avec lequel il exprime une idée d'union ou d'appartenance.

Quand on dit : Le clocher de l'église est élevé, *comment le substantif* église *est-il au génitif ?* Il est au génitif parce que, par le moyen de la particule *de ,* il se joint au substantif *clocher* qui le précède, et avec lequel il exprime une idée d'union ou d'appartenance.

Qu'entend-on par génitif PARTITIF ? C'est celui qui, par le moyen des mots, *de , de la , du , des,* se joint ou se rapporte à un substantif partitif, tel que *partie* ou *quantité* exprimé ou sous-entendu. Exemples : *La plupart des conseils sont dictés par l'intérêt ; on ne prend point de mouches avec du vinaigre.* Dans ces phrases, *conseils* est au génitif partitif, parce qu'il se joint au substantif partitif *la plupart ; mouches* et *vinaigre* sont des génitifs partitifs, parce qu'ils se rapportent au substantif *quantité* ou *partie* sous-entendu. C'est comme si l'on disait *une quantité de mouches* avec *une quantité de vinaigre.*

23.

Qu'est-ce qu'un substantif de CASABLATIF? C'est un substantif qui indique l'objet dont on se sépare ou dont on détache quelque chose. Il est précédé des mots *de, de la, du, des.*

Quand on dit : Je m'éloigne de Paris, Je viens de l'Amérique, Je sors du Jardin, Dieu séparera les bons des méchans, *comment les substantifs* Paris, Amérique, jardin, méchans, *sont-ils à l'ablatif?* C'est qu'ils expriment l'endroit d'où je m'*éloigne,* d'où je *viens,* d'où je *sors,* les personnes desquelles d'autres seront séparées, et qu'ils sont précédés des mots : *de, de la , du, des.*

En quoi le génitif diffère-t-il de l'ablatif puisqu'ils sont tous les deux précédés des mots de, de la, du, des ? C'est que le génitif exprime une idée d'*union, d'appartenance,* et que l'ablatif indique la *séparation,* la *privation.* Ainsi dans ces phrases : *Les maisons de Paris sont hautes, Je sors de Paris,* le mot *Paris,* dans la première phrase, est au *génitif,* parce qu'il indique l'*union* avec le substantif *maisons;* dans la seconde, au contraire, *Paris* est à l'*ablatif,* parce qu'il marque la *séparation,* le lieu dont on se sépare.

24.

Qu'est-ce qu'un substantif de CAS DATIF ? C'est un substantif qui exprime le passage d'ici là, la tendance ou l'attri-bution; il est précédé des mots *à*, *à la*, *au*, *aux*.

Quand on dit : Je vais à la campagne, J'envoie mon domestique à la ferme, J'écris une lettre à mon frère, Je donne de l'argent au pauvre, *comment les substantifs* campagne, ferme, frère *et* pauvre *sont-ils au datif?* C'est qu'ils expriment la *tendance*, c'est-à-dire l'objet vers lequel on tend, on se dirige, et qu'ils font comprendre le passage *d'ici là* ; car je fais passer ma personne, mon domestique du lieu où je suis à la campagne, à la ferme, et je fais passer ma lettre, mon argent de moi à mon frère, au pauvre.

Les substantifs précédés des mots de, de la, du, des *sont-ils toujours au génitif ou à l'ablatif?* Non, ils ne sont au génitif que lorsqu'ils indi-quent clairement l'union ou l'appartenance, et ils ne sont à l'ablatif que lorsqu'ils expriment la sé-paration ou l'éloignement. Ainsi quand on dit : *Je suis content* de *Paul*, *il parle* de *la guerre* ; les substantifs *Paul* et *guerre* ne sont ni au génitif ni à l'ablatif, ils ne doivent être regardés que comme régimes de la préposition *de*.

Les substantifs précédés de à, à la, au, aux, *sont-ils toujours au datif?* Non, ils ne sont au datif que lorsqu'ils expriment le passage ou la tendance; dans toute autre circonstance ils doi-vent être seulement appelés régimes de la prépo-sition. Ainsi, quand on dit : *Il loge* à *Paris; Paris* n'est point au datif , et ne doit être regardé que comme régime de *à*.

Il en est de même des substantifs précédés de toute autre préposition que *de* ou *à*, comme *vers*, *sur*, *contre*, etc. Ainsi dans cette phrase : *Il marche* vers *l'ennemi*; le substantif *ennemi* ne doit être regardé que comme régime de la préposition *vers*.

25.

Qu'est-ce qu'un substantif de CAS VOCATIF? C'est un substantif qui désigne le nom d'une personne ou d'une chose qu'on appelle ou à qui l'on adresse la parole. Il est quelquefois précédé du mot *ô*. (1)

---

(1) On pourrait réduire à quatre les cas de la langue française, savoir : le *nominatif*, *l'accusatif*, le *vocatif* et le cas *prépositionnel* ou *indirect*. Tout substantif précédé d'une préposition et dépendant d'un autre substantif, d'un adjectif ou d'un verbe , serait au cas prépositionnel ou indirect.

Ainsi , dans ces phrases : Le père *de* JULES est indulgent ; cette action est digne *de* JULES ; on parle *de* JULES ; il plaît *à* JULES ; tu partiras *avec* JULES ; il reste *auprès de* JULES ; *Jules* est au cas prépositionnel, parce qu'au moyen de la préposition *de* , il se joint au substantif *père* , à l'adjectif *digne* et au verbe *parle* , et qu'au moyen des prépositions *à* , *avec* , *auprès de* , il se lie aux verbes *plaît* , *partiras* , *reste*. Le pronom de cas prépositionnel serait celui qui est précédé d'une préposition , ou qui peut se tourner par un autre pronom

3

Quand on dit : Seigneur, ayez pitié de nous
Monsieur, où allez-vous ? Madame, êtes-vou
malade ? *comment ces substantifs sont-ils au voca*
tif ? C'est parce qu'ils expriment des personne
qu'on appelle, en quelque sorte, et auxquelles o1
adresse la parole.

EXERCICE SUR LES SIX CAS.

Déclinez un substantif masculin qui commence
par une consonne, comme jardin, *c'est-à-dire, em-*
ployez-le aux six cas.

SINGULIER.		EXEMPLES.
No.	LE Jardin.	Le *Jardin* est grand.
Gé.	DU Jardin.	L'arbre du *Jardin* est tombé.
Da. . . - . .	AU Jardin.	Je vais au *Jardin*.
Ac.	LE Jardin.	Je regarde le *Jardin*.
Vo.	ô Jardin.	ô *Jardin* délicieux !
Ab.	DU Jardin.	Je sors du *Jardin*.

PLURIEL.		EXEMPLES.
No.	LES Jardins.	Les *Jardins* sont fermés.
Gé.	DES Jardins.	J'ai la clef des *Jardins*.
Da.	AUX Jardins.	Il ne pense qu'aux *Jardins*.
Ac.	LES Jardins.	Il aime les *Jardins*.
Vo.	ô Jardins.	ô *Jardins* délicieux !
Ab.	DES Jardins.	On vient des *Jardins*.

----

précédé d'une préposition. Ainsi quand on dit : Pensez
à moi, il *me* parle, les pronoms *moi* et *me* seraient au
cas prépositionnel, le premier, parce qu'il est précédé de
la préposition *à* ; le second, parce qu'il peut se tourner
par *à moi*.

Déclinez un substantif féminin qui commence par une consonne, comme voiture.

SINGULIER.	EXEMPLES.
No . . . . LA Voiture.	La *Voiture* est arrivée.
Gé. . . DE LA Voiture.	La roue de la *Voiture* est cassée.
Da . . . A LA Voiture.	Songez à la *Voiture*.
Ac. . . . LA Voiture.	On vend la *Voiture*.
Vo. . . . . ô Voiture.	O *Voiture* que tu coûtes cher !
Ab. . . DE LA Voiture.	Il tombe de la *Voiture*.

PLURIEL.	EXEMPLES.
No. . . . LES Voitures.	Les *Voitures* sont utiles.
Gé. . . . DES Voitures.	Le bruit des *Voitures* fatigue.
Da. . . AUX Voitures.	Prenez garde aux *Voitures*.
Ac . . . LES Voitures.	Evitez les *Voitures*.
Vo . . . . ô Voitures.	Méchantes *Voitures!*
Ab . . . DES Voitures.	Eloigne-toi des *Voitures*.

Déclinez un substantif qui commence par une voyelle, comme arbre.

SINGULIER.	EXEMPLES.
No. . . . . . L'Arbre.	L'*Arbre* est tombé.
Gé. . . . DE L'Arbre.	Le pied de l'*Arbre* est creux.
Da. . . . . A L'Arbre.	Appuyez-vous à l'*Arbre*.
Ac. . . . . . L'Arbre.	Il a mesuré l'*Arbre*.
Vo. . . . . . ô Arbre.	O *Arbre!* prête-moi ton ombre.
Ab . . . . DE L'Arbre.	Il est tombé de l'*Arbre*.

Déclinez un substantif avec l'adjectif masculin UN.

SINGULIER.	EXEMPLES.
No. . . . . UN Soldat.	*Un* Soldat ne doit pas.
Gé. . . . . . D'UN Soldat.	La paie d'*un* Soldat est faible.
Da. . . . . A UN Soldat	Cela convient à *un* Soldat.
Ac. . . . . UN Soldat.	Il avait *un* Soldat pour guide.
Point de Vocatif.	
Ab. . . . . D'UN Soldat.	Il dépendait d'*un* Soldat.

Déclinez un substantif avec l'adjectif féminin UNE.

SINGULIER.	EXEMPLES.
No. . . . . UNE Femme.	*Une* Femme aura de la bonté.
Gé. . . D'UNE Femme.	La voix d'*une* Femme est douce.
Da. . . A UNE Femme.	Cela ne sied pas *à une* Femme.
Ac. . . . UNE Femme.	Je plains *une* Femme légère.
Point de Vocatif.	
Ab . . D'UNE F emme.	Il tient son bien d'*une* Femme.

Le pluriel de ces trois derniers substantifs se déclinera comme les deux précédens, *jardin* et *voiture*.

Déclinez un nom propre, tel que Rome.

SINGULIER.	EXEMPLES.
No . . . . . . Rome.	*Rome* est ancienne.
Gé. . . . . DE Rome.	La ville de *Rome* est belle.
Da. . . . . A Rome.	Je pense aller à *Rome*.
Ac. . . . . . Rome.	J'aime beaucoup *Rome*.
Vo. . . . . . ô Rome.	O *Rome*, que tu es grande !
Ab. . . . . DE Rome.	Il arrive de *Rome*.

Les noms ainsi déclinés n'ont pas de pluriel.

CHAPITRE IV.

SUBDIVISIONS, GENRE, NOMBRE ET CAS DE L'ADJECTIF.

§ I. *Adjectif qualificatif, positif, comparatif et superlatif.*

26.

Qu'est-ce qu'un adjectif QUALIFICATIF? C'est un adjectif qui exprime la qualité du substantif auquel il est joint.

Exemples : *beau, laid, utile, paisible.*

L'adjectif qualificatif n'a-t-il pas différens degrés de signification ? Oui, il en a trois, savoir : le POSITIF, le COMPARATIF et le SUPERLATIF.

27.

Qu'est-ce qu'un adjectif POSITIF ? C'est un adjectif qui exprime une qualité simplement et sans aucune comparaison.

Exemples : *Doux, clair, agréable*, etc.

Dans cette phrase, Cet enfant est *doux ; comment l'adjectif* doux *est-il positif ?* C'est qu'il exprime simplement la qualité que cet enfant a d'être *doux*, sans exprimer aucune idée de comparaison.

28.

Qu'est-ce qu'un adjectif COMPARATIF? C'est un adjectif qui exprime la qualité avec comparaison et qui est ordinairement précédé des mots *plus, moins, aussi.*

Exemples : Plus *doux*, moins *clair*, aussi *agréable.*

Dans cette phrase, Cet enfant est *plus doux* que son frère ; *comment* plus doux *est-il un comparatif ?* C'est qu'il exprime une comparaison entre la douceur de cet enfant et celle de son frère.

Quels sont les adjectifs qui d'eux-mêmes et sans être précédés du mot plus, *indiquent un compara-*

tif de supériorité? Ce sont *meilleur* au lieu de *plus bon*, qui n'est pas en usage ; *moindre* au lieu de *plus petit ; pire* au lieu de *plus mauvais.*

29.

Qu'est-ce qu'un adjectif SUPERLATIF? C'est un adjectif qui exprime la qualité à un très haut degré ou au plus haut degré, et qui est précédé de l'un des mots *très, fort, bien, le plus, le moins.*

Exemples : très *utile,* fort *utile,* le plus *utile,* etc.

Dans ces phrases, Il est très joli, fort honnête, le plus sage, etc., *comment les adjectifs* joli, honnête, sage, *sont-ils des superlatifs?* C'est qu'ils expriment la qualité dans un très haut degré, et qu'ils sont précédés des mots *très, fort, le plus.*

Quels sont les adjectifs qui sont superlatifs par eux-mêmes et qui n'admettent aucun degré de comparaison ? Ce sont ceux qui expriment la qualité au plus haut degré. Exemples : *Excellent, parfait, divin, extrême.*

§ II. *Adjectif déterminatifs.*

30.

Qu'est-ce que l'adjectif DÉTERMINATIF ? C'est un adjectif qui détermine la signification du substantif dont il est suivi.

Tels sont : *Ce, cet, quel, chaque, deux, trois, premier, second,* etc.

Combien y a-t-il d'espèces d'adjectifs détermi-

natifs ? Il y en a quatre, savoir : l'adjectif DÉ-MONSTRATIF, l'adjectif INTERROGATIF, l'adjectif IN-DÉFINI et l'adjectif NUMÉRAL.

31.

Qu'est-ce que l'adjectif DÉMONSTRATIF? C'est celui qui indique et qui montre comme présente la personne ou la chose dont on parle.

Exemples : *Ce, cet, cette, ces.*

Dans cette phrase, Ces enfans deviendront grands, *comment l'adjectif* ces *est-il démonstratif?* C'est qu'il détermine le sens du substantif *enfant,* en indiquant que ce sont les enfans dont on a parlé ou que l'on montre comme présens, qui deviendront grands.

32.

Qu'est-ce que l'adjectif INTERROGATIF? C'est celui qui exprime l'interrogation.

Exemples: *Quel, quels, quelle, quelles.*

Dans cette phrase, Quel livre lisez-vous? *comment l'adjectif* quel *est-il interrogatif ?* C'est qu'il exprime une interrogation.

33.

Qu'est-ce que l'adjectif INDÉFINI? C'est celui qui indique que le substantif auquel il est joint est pris dans un sens vague et général.

Tels sont : *Chaque , aucun , nul, quelque , tout, plusieurs , autre , quelconque , même ,* etc.

Dans ces phrases, Tout petit prince a des ambassadeurs , *comment l'adjectif* tout *est-il indéfini ?* C'est qu'il indique que le substantif *prince* est pris dans un sens vague et indéterminé.

34.

Qu'est-ce que l'adjectif NUMÉRAL ? C'est celui qui exprime une idée de nombre ou d'ordre.

Tels sont : *Un , deux, trois , premier , second , troisième ,* etc.

Combien y a-t-il d'espèces d'adjectifs numéraux ? Il y en a deux, savoir : l'adjectif numéral CARDINAL , qui indique le nombre, comme *cinq , six , vingt , cinquante , mille ,* etc. ; et l'adjectif numéral ORDINAL, qui marque l'ordre et le rang ; tels que *premier , vingtième , millième ,* etc.

§ III. *Genre , nombre et cas des adjectifs.*

De quel genre , de quel nombre et à quel cas les adjectifs sont-ils ? Les adjectifs , soit qualificatifs, soit déterminatifs, sont du même genre, du même nombre et au même cas que les substantifs auxquels ils se rapportent.

Dans ces phrases : Ces campagnes promettent une riche moisson ; Aristide mourut pauvre , *de quel genre , de quel nombre et à quel cas sont les adjectifs* ces , une , riche , pauvre ? *Ces* est féminin , pluriel et nominatif, parce qu'il se joint au substantif *campagnes*, qui est féminin, pluriel et au nominatif; les adjectifs *une*, *riche*, sont féminins, singuliers et à l'accusatif, parce qu'ils se joignent au substantif *moisson*, qui est féminin, singulier et à l'accusatif; et l'adjectif *pauvre* est masculin, singulier et au nominatif, parce qu'il se rapporte à *Aristide*, qui est masculin, singulier et au nominatif.

CHAPITRE V.

SUBDIVISIONS, GENRE, NOMBRE ET CAS DU PRONOM.

§ I. *Différentes espèces de pronoms.*

35.

Qu'est-ce qu'un pronom PERSONNEL? C'est un pronom qui, en remplaçant un nom de personne ou de chose, indique spécialement si cette personne ou cette chose est *celle qui parle*, *celle à qui l'on parle*, ou *celle dont on parle*. (1)

Quels noms donne-t-on à ces pronoms ? Ceux qui indiquent la personne qui parle se nomment pronoms de la première personne; ceux qui indiquent la personne à qui l'on parle s'appellent

---

(1) Le mot *personne* signifie, en grammaire, le rôle que le pronom joue dans la phrase : il vient du mot latin *persona*, qui signifie *rôle*.

pronoms de la seconde personne, et ceux qui indiquent la personne ou la chose dont on parle s'appellent pronoms de la troisième personne.

Quels sont les pronoms personnels ? Ce sont : *Je, me, moi, nous,* pour la première personne; *tu, te, toi, vous,* pour la seconde personne, et *il, elle, ils, elles, eux, se, soi, le, la, les, lui, leur, en* et *y* pour la troisième personne.

Dans ces phrases : Je me frappe, Tu te regardes, Il lui parle, *comment les pronoms* je, me, tu, te, il, lui, *sont-ils des pronoms personnels ? Je* et *me* indiquent que la personne dont ils tienne la place est celle qui parle; *tu* et *te,* représentent la personne à qui l'on parle ; *il* et *lui* la personne dont on parle.

36.

Qu'est-ce qu'un pronom POSSESSIF? C'est un pronom qui marque la possession, la propriété.

Expliquez comment, quand on dit, Mon chapeau, *ta* canne, *ses* gants, *les pronoms* mon, ta, ses, *marquent la possession.* — Mon chapeau, veut dire le chapeau qui m'appartient, qui *est à moi* ; *ta* canne, la canne qui *est à toi* ; *ses* gants, les gants qui *sont à lui* ou *à elle.*

Quels sont les pronoms possessifs qui se joignent toujours à un substantif, et qu'on appelle pronoms substantifs ? Ce sont : Mon, ton, son ; Ma, ta, sa ; Notre, votre, leur ; Mes, tes, ses ; Nos, vos, leurs.

Quels sont les pronoms possessifs qui ne se joi-gnent pas à un substantif, et qu'on appelle pro-noms substantifs ? Ce sont : Le mien, le tien, le sien, le nôtre, le vôtre, le leur ; La mienne, la tienne, la sienne, la nôtre, la vôtre, la leur ; Les miens, les tiens, les siens ; Les miennes, les tiennes, les siennes, les nôtres, les vôtres, les leurs.

37.

Qu'est-ce qu'un pronom DÉMONSTRA-TIF? C'est un pronom qui indique et qui montre une personne ou une chose comme présente.

Exemples : *Ce, ceci, cela, celui, ceux, celle, celles.*

Expliquez comment, quand on dit, Donnez-moi ceci ou cela, *les pronoms* ceci *ou* cela *sont démonstratifs.* C'est qu'ils indiquent comme pré-sente à l'esprit ou aux yeux la chose que je de-mande. C'est comme si l'on disait : Donnez-moi *la chose que je vous montre.*

Quelle différence y a-t-il entre ce adjectif et ce pronom ? Ce adjectif se joint toujours à un substantif. Exemple : *Ce* livre est beau ; et *ce* pro-nom est toujours suivi du verbe *être* ou des mots *qui, que, dont.* Exemples : *Ce* que l'on conçoit bien s'énonce clairement. A qui est *ce* livre ? *C'est* à moi.

38.

Qu'est-ce qu'un pronom RELATIF? C'est un pronom qui tient la place d'un substantif ou d'un pronom qui le précède presque toujours immédiatement.

Exemples : *qui*, *que*, *quoi*, *dont*, *lequel*, *laquelle*, *lesquels*, *lesquelles*.

Dans cette phrase : Le soleil *qui* nous éclaire nous donne aussi la chaleur, *comment le pronom* qui *est-il relatif?* C'est qu'il tient la place du substantif *soleil* dont il est immédiatement précédé ; c'est comme si l'on disait : *Le soleil, lequel soleil nous éclaire.*

Comment appelle-t-on le substantif ou le pronom qui précède le pronom relatif, et auquel il se rapporte ? On l'appelle *antécédent* : ainsi dans la phrase, *Le soleil* qui *nous éclaire*, le soleil est l'*antécédent* du pronom relatif *qui*.

Le mot où *n'est-il pas regardé quelquefois comme pronom relatif ?* Oui; c'est lorsqu'il peut être remplacé par un pronom relatif. Dans cette phrase, *la maison* d'où *je sors*, le mot *d'où* est un pronom relatif, parce qu'il peut se tourner par *de laquelle*, en disant : *la maison* de laquelle *je sors.*

39.

Qu'est-ce qu'un pronom INTERROGATIF? C'est un pronom qui exprime l'interrogation, le doute ou l'incertitude, et peut se tourner par les mots *quelle personne? quelle chose?*

Exemples : qui ? que ? quoi ? lequel ? laquelle ?

Dans cette phrase, Qui est là ? *comment le mot* qui *est-il un pronom interrogatif ?* C'est qu'il exprime l'interrogation ; et qu'il peut se tourner par *quelle personne.*

40.

Qu'est-ce qu'un PRONOM *indéfini?* C'est un pronom qui exprime ordinairement une personne ou une chose d'une manière vague, générale et indéterminée.

Exemples : quelqu'un, quiconque, chacun, autre, l'un l'autre, l'un et l'autre, autrui, on, personne, rien, nul, aucun, quoi que, etc.

Dans ces phrases : Chacun à son métier doit toujours s'attacher ; Nul n'est content de sa fortune ni mécontent de son esprit, *comment les pronoms* chacun *et* nul *sont-ils des pronoms indéfinis ?* C'est qu'ils expriment d'une manière vague, générale et indéterminée des personnes qu'on ne veut pas nommer.

§ II. *Genre, nombre et cas des pronoms.*

De quel genre et de quel nombre les pronoms sont-ils ? Les pronoms sont du même genre et du même nombre que le substantif dont ils tiennent la place ou auquel ils sont joints. Ainsi dans cette phrase : Votre frère doit voir Jules ; il lui donnera un livre, le pronom *votre* est masculin, singulier, parce qu'il se joint au substantif *frère*, qui est masculin, singulier ; les pronoms *ils*, *lui* sont masculins, singuliers, parce qu'ils tiennent chacun la place d'un substantif masculin, singulier.

A quel cas sont les pronoms ? Les pronoms possessifs adjectifs sont au même cas que les substantifs auxquels ils sont joints ; ainsi dans cette phrase, Votre frère doit voir Jules ; *votre* est au nominatif, parce qu'il est joint à *frère* qui est au nominatif : tous les autres pronoms ont, comme les substantifs, un cas qui leur est propre et qu'indique la fonction qu'ils remplissent dans la phrase. Ils sont au nominatif ou à l'accusatif selon qu'ils représentent la personne ou la chose qui fait l'action ou celle qui la reçoit ; ils sont au datif s'ils sont précédés de *à* et marquent une tendance, etc.

Dans cette phrase, Vous ne penserez plus à moi quand vous ne me verrez plus, *à quel cas sont les pronoms* vous, à moi, me ? *Vous* est au nominatif, parce qu'il représente la personne qui pensera et verra, *moi* est au datif, parce qu'il marque la tendance et qu'il est précédé de *à* ; *me* est à l'accusatif, parce qu'il représente la personne qui recevra l'action d'être vue.

CHAPITRE VI.

INFLEXIONS DU VERBE PERSONNEL.

SUBDIVISIONS DE L'INFINITIF ET DU PARTICIPE.

§ I. *Nombre du verbe.*

41.

Qu'est-ce qu'un verbe du NOMBRE SINGULIER ? C'est un verbe qui exprime qu'une seule personne ou une seule chose *est*, *a* ou *agit.*

Exemples : Je *suis* présent, tu *eus* soin, il *aimera* l'étude, Paul *sort.*

42.

Qu'est-ce qu'un verbe du NOMBRE PLURIEL ? C'est un verbe qui exprime que plusieurs personnes ou plusieurs choses *sont*, *ont* ou *agissent.*

Exemples : Nous *sommes* contens, vous *eûtes* soin, ils *aimeront* l'étude, Paul et Philippe *sortent*

§ II. *Personnes du verbe.*

43.

Qu'est-ce qu'un verbe de PREMIÈRE PERSONNE ? C'est un verbe qui exprime l'existence, la possession ou l'action de la personne qui parle, et dont le nominatif est le pronom *je* ou *nous*.

Exemples : Je *suis* tranquille, nous *sommes* fidèles ; j'*eus* du chagrin, nous *eûmes* du plaisir ; j'*aimerai* à sauter, nous *aimerons* à courir, etc.

44.

Qu'est-ce qu'un verbe de SECONDE PERSONNE ? C'est un verbe qui exprime l'existence, la possession ou l'action de la personne ou de la chose à laquelle on parle, et dont le nominatif est le pronom *tu* ou *vous*.

Exemples : Tu *es* tranquille, vous *êtes* fidèles ; tu *eus* du chagrin, vous *eûtes* du plaisir ; tu *aimeras* à sauter, vous *aimerez* à courir.

45.

Qu'est-ce qu'un verbe de TROISIÈME PERSONNE ? C'est un verbe qui exprime l'existence, la possession ou l'action de la personne ou de la chose dont on parle ; il a toujours pour nominatif un pronom de troisième personne ou un substantif.

Exemples : Il *est* attentif, elles *sont* heureuses ; Rose *parle*, les enfans *écoutent*.

§ III. *Temps du verbe.*

46.

Qu'est-ce qu'un verbe de TEMPS PRÉSENT? C'est un verbe qui exprime qu'une personne ou une chose *est*, *a* ou *agit* dans le moment où l'on parle.

Exemples : Je *suis* obéissant, tu *as* raison, il *aime* la chasse, nous *sautons*, vous *voyez*, le chien *aboie.*

47.

Qu'est-ce qu'un verbe de TEMPS PASSÉ? C'est un verbe qui exprime qu'une personne ou une chose *a été*, *a eu* ou *a agi* dans un temps passé.

Exemples : J'*avais* tort, tu *fus* surpris, ils *ont* aimé le travail, le tonnerre *tomba*, etc.

48.

Qu'est-ce qu'un verbe de TEMPS A VENIR? C'est un verbe qui exprime qu'une personne ou une chose *sera*, *aura* ou *agira* dans un temps à venir.

Exemples : Je *serai* accueilli, vous *aurez* du monde, ils *aimeront* à s'amuser, les feuilles *pousseront*, etc.

§ IV. *Modes du verbe.*

49.

Qu'est-ce qu'un verbe de MODE INDI-
CATIF ? C'est un verbe qui indique l'*existence*, la *possession* ou l'*action*, et qui
fait un sens complet de lui-même, c'est-
à-dire sans dépendre d'un autre verbe.

Exemples : Je *suis* attendu, vous *eûtes* le prix,
ils *aimeront* la gloire, les chevaux *hennissent*.

Dans ces phrases, les verbes *suis*, *eûtes*, *aimeront*, *hennissent*, sont au mode indicatif, parce
qu'ils indiquent l'existence, la possession ou l'action, et qu'ils font un sens complet d'eux-mêmes.

5o.

Qu'est-ce qu'un verbe de MODE IMPÉ-
RATIF ? C'est un verbe qui exprime l'*existence*, la *possession* ou l'*action* avec commandement ou prière.

Exemples : *Sois* sage, *ayez* soin, *attendons*
un peu.

Dans ces phrases, les verbes *sois*, *ayez*, *attendons*, sont à l'impératif, parce qu'ils expriment
l'existence, la possession ou l'action avec commandement.

51.

Qu'est-ce qu'un verbe de MODE SUB-
JONCTIF ? C'est un verbe qui exprime

l'*existence*, la *possession* ou l'*action* avec doute et incertitude, et qui dépend d'un autre verbe auquel il est joint par la conjonction *que* ou un *pronom relatif*.

Exemples : Je désire *qu'il vienne*, il faut *que je sorte*, cherchez un ami qui vous *avertisse.*

Dans ces phrases, les verbes *vienne, sorte, avertisse,* sont au subjonctif, parce qu'ils expriment l'action avec doute et incertitude : en effet il n'est pas sûr qu'il vienne, que je sorte, que l'ami avertisse; ces trois verbes ne font point un sens complet d'eux-mêmes; mais ils dépendent des phrases *je désire, il faut, cherchez un ami,* auxquelles ils sont joints par la conjonction *que* ou le pronom relatif *qui.*

52.

Qu'est-ce qu'un verbe de MODE CONDITIONNEL? C'est un verbe qui exprime qu'*on serait*, qu'*on aurait* ou qu'on *agirait* moyennant une condition.

Exemples : Vous *seriez* plus modeste, si vous étiez plus instruit ; vous *auriez* le prix si vous travailliez bien ; *elle rentrerait* si on ne la retenait.

Dans ces phrases, les verbes *seriez, auriez, rentrerait* sont au conditionnel, car ils expriment l'existence, la possession ou l'action, moyennant les conditions : *si vous étiez plus instruit, si vous travailliez bien , si on ne la retenait.*

§ V. *Temps simples et temps composés.*

53.

Qu'est-ce que les temps SIMPLES? Ce sont ceux qui s'expriment par un seul mot, non compris le pronom.

Exemples : Je *suis*, tu *avais*, il *aimera*, etc.

Combien y a-t-il de temps simples ? Il y en a huit, savoir : le présent, l'imparfait, le passé défini et le futur de l'indicatif, le présent de l'im-pératif, le présent et l'imparfait du subjonctif et le présent du conditionnel.

Qu'est-ce que conjuguer un verbe ? C'est lui faire subir les inflexions de nombres, de personnes, de temps et de modes, et réciter ou écrire de suite ces différentes inflexions.

Conjuguez les temps simples des verbes être *et* avoir.

ÊTRE. AVOIR.

INDICATIF.

PRÉSENT.

Je suis.	J'ai.
Tu es.	Tu as.
Il est.	Il a.
Nous sommes.	Nous avons.
Vous êtes.	Vous avez.
Ils sont.	Ils ont.

ÊTRE.	AVOIR.

IMPARFAIT.

J'étais.	J'avais.
Tu étais.	Tu avais.
Il était.	Il avait.
Nous étions.	Nous avions.
Vous étiez.	Vous aviez.
Ils étaient.	Ils avaient.

PASSÉ DÉFINI.

Je fus.	J'eus.
Tu fus.	Tu eus.
Il fut.	Il eut.
Nous fûmes.	Nous eûmes.
Vous fûtes.	Vous eûtes.
Ils furent.	Ils eurent.

FUTUR.

Je serai.	J'aurai.
Tu seras.	Tu auras.
Il sera.	Il aura.
Nous serons.	Nous aurons.
Vous serez.	Vous aurez.
Ils seront.	Ils auront.

IMPÉRATIF.

PRÉSENT.

Sois.	Aie.
Qu'il soit.	Qu'il ait.
Soyons.	Ayons.
Soyez.	Ayez.
Qu'ils soient.	Qu'ils aient.

SUBJONCTIF.

PRÉSENT.

Que je sois.	Que j'aie.
Que tu sois.	Que tu aies.
Qu'il soit.	Qu'il ait.

ÊTRE.   AVOIR.

Que nous soyons.   Que nous ayons.
Que vous soyez.   Que vous ayez.
Qu'ils soient.   Qu'ils aient.

IMPARFAIT.

Que je fusse.   Que j'eusse.
Que tu fusses.   Que tu eusses.
Qu'il fût.   Qu'il eût.
Que nous fussions.   Que nous eussions.
Que vous fussiez.   Que vous eussiez.
Qu'ils fussent.   Qu'ils eussent.

CONDITIONNEL.

PRÉSENT.

Je serais.   J'aurais.
Tu serais.   Tu aurais.
Il serait.   Il aurait.
Nous serions.   Nous aurions.
Vous seriez.   Vous auriez.
Ils seraient.   Ils auraient.

54.

Qu'est-ce que les temps COMPOSÉS? Ce sont ceux qui s'expriment par plusieurs mots , savoir , par un temps du verbe *être* ou *avoir*, et par un participe. (Les verbes *être* et *avoir* sont alors appelés *auxiliaires.*)

Exemples : *J'ai fini*, tu *as reçu*, il *a parlé*, nous *sommes arrivés*, vous *êtes partis*, ils *sont tombés*, etc.

Combien y a-t-il de temps composés? Il y en a sept, savoir : le passé indéfini, le plusque-parfait, le prétérit antérieur et le futur passé de l'indicatif, le parfait et le plusque-parfait du subjonctif et le passé du conditionnel.

Comment se forme chacun de ces temps ?

Le passé indéfini se forme du présent de l'indicatif du verbe *avoir* ou *être* et d'un participe. Exemples : *j'ai aimé, je suis tombé.*

Le plusque-parfait de l'indicatif se forme de l'imparfait de l'indicatif du verbe *avoir* ou *être* et d'un participe. Exemples : *j'avais aimé, j'étais tombé.*

Le prétérit antérieur se forme du passé défini du verbe *avoir* ou *être* et d'un participe. Exemples : *J'eus aimé, je fus tombé.*

Le futur-passé se forme du futur du verbe *avoir* ou *être* et d'un participe. Exemple : *j'aurai aimé, je serai tombé.*

Le parfait du subjonctif se forme du présent du subjonctif du verbe *avoir* ou *être*. Exemples : *que j'aie aimé, que je sois tombé.*

Le plusque-parfait du subjonctif se forme de l'imparfait du subjonctif du verbe *avoir* ou *être* et d'un participe. Exemples : *que j'eusse aimé, que je fusse tombé.*

Le passé du conditionnel se forme du présent du conditionnel du verbe *avoir* ou *être* et d'un participe. Exemples : *j'aurais aimé, je serais tombé.*

Conjuguez les temps composés des verbes être et avoir.

ÊTRE.　　　　　　　　　　　　　　　AVOIR.

INDICATIF.

PASSÉ INDÉFINI.

J'ai été.	J'ai eu.
Tu as été.	Tu as eu.
Il a été.	Il a eu.
Nous avons été.	Nous avons eu.
Vous avez été.	Vous avez eu.
Ils ont été.	Ils ont eu.

PLUSQUE-PARFAIT.

J'avais été.	J'avais eu.
Tu avais été.	Tu avais eu.
Il avait été.	Il avait eu.
Nous avions été.	Nous avions eu.
Vous aviez été.	Vous aviez eu.
Ils avaient été.	Ils avaient eu.

PRÉTÉRIT ANTÉRIEUR.

J'eus été.	J'eus eu.
Tu eus été.	Tu eus eu.
Il eut été.	Il eut eu.
Nous eûmes été.	Nous eûmes eu.
Vous eûtes été.	Vous eûtes eu.
Ils eurent été.	Ils eurent eu.

FUTUR PASSÉ.

J'aurai été.	J'aurai eu.
Tu auras été.	Tu auras eu.
Il aura été.	Il aura eu.
Nous aurons été.	Nous aurons eu.
Vous aurez été.	Vous aurez eu.
Ils auront été.	Ils auront eu.

SUBJONCTIF.

PARFAIT.

Que j'aie été.	Que j'aie eu.
Que tu aies été.	Que tu aies eu.
Qu'il ait été.	Qu'il ait eu.

ÊTRE.	AVOIR.
Que nous ayons été.	Que nous ayons eu.
Que vous ayez été.	Que vous ayez eu.
Qu'ils aient été.	Qu'ils aient eu.

PLUSQUE-PARFAIT.

Que j'eusse été.	Que j'eusse eu.
Que tu eusses été.	Que tu eusses eu.
Qu'il eût été.	Qu'ils eût eu.
Que nous eussions été.	Que nous eussions eu.
Que vous eussiez été.	Que vous eussiez eu.
Qu'ils eussent été.	Qu'ils eussent eu.

CONDITIONNEL.

PASSÉ.

J'aurais été.	J'aurais eu.
Tu aurais été.	Tu aurais eu.
Il aurait été.	Il aurait eu.
Nous aurions été.	Nous aurions eu.
Vous auriez été.	Vous auriez eu.
Ils auraient été. (1)	Ils auraient eu. (2)

(Pour les définitions des différens temps, voy. *Leçons de grammaire* du n° 55 au n° 70.)

§ VI. *Subdivision de l'infinitif.*

70.

Qu'est-ce que le verbe RADICAL SIMPLE *OU* INFINITIF PRÉSENT? C'est celui qui s'exprime par un seul mot, et qui est terminé en *er*, en *ir*, en *oir*, ou en *re*.

---

(1) On dit encore : J'eusse été, tu eusses été, il eût été, nous eussions été, vous eussiez été, ils eussent été.

(2) On dit encore : J'eusse eu, tu eusses eu, etc.

Comment classe-t-on les verbes radicaux ou in-finitifs par rapport à leur quatre différentes ter-minaisons ? On les range en quatre conjugaisons : la première terminée en ER, comme *aimer*, *par-ler* ; la seconde en IR, comme *finir*, *sentir* ; la troisième en OIR, comme *avoir*, *recevoir* ; et la quatrième en RE, comme *rendre*, *instruire*, *boire*.

71.

Qu'est-ce que le verbe RADICAL COM-POSÉ *ou* INFINITIF PASSÉ ? C'est un verbe qui est composé du radical simple *être* ou *avoir*, et d'un participe.

Exemples : *Avoir aimé, avoir fini, avoir reçu, avoir rendu, être arrivé, être parti,* etc.

§ VII. *Subdivisions du participe.*

72.

Qu'est-ce qu'un participe ACTIF ? C'est un participe qui est terminé en *ant*, et qui affirme qu'une personne ou une chose a la qualité d'*être*, d'*avoir* ou d'a-gir.

Exemples : *Aimant, ayant, étant.*

Comment divise-t-on le participe actif ? En par-ticipe ACTIF PRÉSENT, et en GÉRONDIF.

73.

Qu'est-ce que le participe ACTIF PRÉ-SENT ? C'est un participe actif qui peut

se tourner par un verbe personnel précédé de *qui* ou *il*.

Lorsqu'on dit : C'est un enfant difficile , aigre ,
se *plaignant* de tout , *comment le participe se*
plaignant *est-il un participe actif présent ?* C'est
qu'il peut se rendre par les mots *qui se plaint.* En
effet, on peut dire , sans changer le sens : C'est
un enfant difficile, aigre, *qui se plaint* de tout.

Et lorsqu'on dit : Il est poli, honnête, *recevant*
bien son monde, *aimant* ses amis , *comment les*
mots recevant, aimant, *sont-ils des participes ac-*
tifs présens ? C'est parce qu'ils peuvent se rendre
par *il reçoit, il aime.* En effet, on peut dire, sans
changer le sens : il est poli, *il reçoit* bien son
monde, *il aime* ses amis.

<h2 style="text-align:center">74.</h2>

Qu'est-ce que le GÉRONDIF *?* C'est un
participe actif qui est quelquefois précédé de la particule *en*, et qui peut se
tourner par un verbe personnel précédé
des conjonctions *parce que, lorsque, si.*

Quand on dit : Étant incommodé, je ne sortirai pas aujourd'hui, *comment le mot* étant *est-il*
gérondif ? C'est qu'il peut être remplacé par les
mots *parce que je suis.* En effet, on peut dire ,
sans changer le sens : *Je ne sortirai pas aujour-*
d'hui, parce que je suis *incommodé.*

Et quand on dit : En *sortant,* il rencontra son
ami, *comment le mot* sortant *est-il gérondif ?* C'est

qu'il peut être remplacé par *lorsqu'il sortait*. On peut dire : *lorsqu'il sortait* il rencontra son ami.

Et quand on dit : En continuant de vous appliquer, vous deviendrez habile, *comment le mot* continuant *est-il gérondif ?* C'est qu'il peut être remplacé par les mots *si vous continuez*. C'est comme si l'on disait : *vous deviendrez habile, si vous continuez de vous appliquer.*

75.

Qu'est-ce qu'un participe PASSIF *ou* PASSÉ ? C'est un participe qui, avec le verbe *avoir*, exprime une action qu'on a faite, et qui avec le verbe *être*, exprime une qualité qu'on a ou une action qu'on a reçue.

Exemples : *Aimé, accueilli, reçu*, etc.

Faites voir comment ces participes joints au verbe avoir *expriment une action qu'on a faite, et joints au verbe* être *expriment une qualité qu'on a, ou une action qu'on a reçue.* Quand on dit : J'ai aimé, J'ai accueilli, J'ai reçu, les participes *aimé, accueilli, reçu*, expriment l'action que j'ai faite d'*aimer*, d'*accueillir*, de *recevoir* ; et quand on dit : *Je suis aimé, je suis accueilli*, ils expriment la qualité que j'ai ou l'action que j'ai reçue d'*être aimé* et *accueilli*.

Tous les participes passés se joignent-ils également aux verbes être *et* avoir ? Non ; il y en a un petit nombre qui ne se joignent qu'au verbe *être :*

tels sont les participes *parti, arrivé, sorti, tom-*
bé, etc.

76.

Qu'est-ce qu'un participe ACTIF PASSÉ ?
C'est un participe qui est composé du
participe actif *étant* ou *ayant,* joint à
un participe passif ou passé.

Exemples : *Ayant aimé, ayant fini, étant ren-*
tré, étant sorti, etc.

Faites voir comment les mots ayant, étant,
joints aux participes aimé, fini, rentré, sorti,
etc., *expriment un temps passé.* Le participe *ayant*
aimé exprime que ce n'est pas à présent qu'on
aime, mais qu'on a déjà aimé. Le participe *étant*
rentré exprime que ce n'est pas à présent qu'on
rentre, mais qu'on est déjà rentré.

CHAPITRE VII.

DIFFÉRENTES SORTES DE VERBES.

Comment divise-t-on les verbes ? En ACTIFS,
PASSIFS, NEUTRES, RÉFLÉCHIS et IMPERSONNELS OU
UNIPERSONNELS.

77.

Qu'est-ce qu'un verbe ACTIF? C'est un
verbe qui exprime l'action que l'on fait,
et après lequel on peut proposer la
question *qui?* ou *quoi?* ou mettre les
mots *quelqu'un, quelque chose.*

Exemples : *Aimer, lire, acheter, vendre*, etc.

Pourquoi les verbes aimer, lire, etc. *sont-ils des verbes actifs ?* C'est qu'ils expriment l'action que l'on fait, et qu'on peut dire : Il aime; qui ? *ses parens* ou *ses amis*. Nous lisons; quoi ? *un livre, une lettre*, etc.

Avec quel auxiliaire conjugue-t-on les temps composés des verbes actifs ? Avec l'auxiliaire *avoir*. (*Voyez* les tableaux de conjugaison, p. 57 et suiv.)

78.

Qu'est-ce qu'un verbe PASSIF ? C'est un verbe qui exprime l'action reçue ou soufferte par le nominatif de la phrase, et après lequel on peut proposer les questions *par qui ?* ou *par quoi ? de qui ? de quoi ?*

Exemples : *Je suis aimé, tu seras cherché*, etc.

Dans cette phrase : César *fut tué* par Brutus; *fut tué* est un verbe passif, parce qu'il exprime l'action reçue par le nominatif, et qu'on peut faire après la question *par qui ?* Et dans cette phrase : Un enfant sage et obéissant *est aimé* de ses parens; *est aimé* est une verbe passif, parce qu'il exprime l'action soufferte par le nominatif *enfant*, et qu'on peut faire après la question *de qui ?*

Comment conjugue-t-on les verbes passifs ? Avec l'auxiliaire *être*, en le joignant dans tous ses temps au participe passif du verbe qu'on veut conjuguer, ainsi les verbes passifs n'ont pas de temps simples.(*Voy*. le tabl. de conjugaison, p. 66.)

76.

Qu'est-ce que les verbes NEUTRES? Ce sont ceux qui n'ont pas d'accusatif pour régime , c'est-à-dire après lesquels on ne peut pas faire la question *qui?* ou *quoi?* ni ajouter les mots *quelqu'un , quelque chose.*

Exemples : *Languir , obéir*, etc. Ces verbes sont neutres, car on ne peut pas demander *languir quoi ? obéir qui ?*

Comment conjugue-t-on les verbes neutres? Les uns se conjugent de même que les verbes actifs avec l'auxiliaire AVOIR, comme *dormir, languir ,* et les autres, avec l'auxiliaire ÊTRE , comme *arriver, tomber.*

(*Voyez* le tableau des conjugaisons , pag. 69.)

80.

Qu'est-ce que les verbes RÉFLÉCHIS? Ce sont ceux dont le nominatif et le régime expriment la même personne.

Exemples : *Je me contente* (je contente moi-même); *tu te nuis* (tu nuis à toi-même).

Combien y a-t-il d'espèces de verbes réfléchis ? Il a en a trois : 1° ceux qui sont formés d'un verbe actif, comme *Je me flatte*; 2° ceux qui sont formés d'un verbe neutre, comme *Je me plais*, *Il se nuisent*; 3° ceux qui ne s'emploient jamais autrement que comme réfléchis. Exemples : *S'abstenir*, *s'emparer*, etc.

Avec quel auxiliaire coujugue-t-on les verbes réfléchis ? Avec l'auxiliaire ÊTRE, de même que le verbe neutre *tomber*.

(*Voyez* le tableau des conjugaisons, pag. 71.)

81.

Qu'est-ce que les verbes UNIPERSONNELS ? Ce sont ceux qui ne s'emploient qu'à la troisième personne du singulier avec le mot *il*.

Exemples : *Il faut : il importe, il pleut.*

Combien y a-t-il d'espèces de verbes unipersonnels ? Il y en a deux, savoir : ceux qui le sont de leur nature, c'est-à-dire qui ne peuvent jamais s'employer qu'à la troisième personne du singulier, comme *Il faut, il importe, il pleut*; et ceux qui de leur nature sont neutres et ne deviennent unipersonnels qu'accidentellement, comme dans ces phrases : *Il brille* sur son front une aimable assurance; *Il arrive* souvent qu'on se trompe. Les verbes *briller* et *arriver* sont neutres dans les phrases suivantes : Il (le soleil) *brille* de tout son éclat. Il (le courrier) *arrive* aujourd'hui.

Dans quel sens est employé le pronom il *joint aux verbes unipersonnels ?* Il est employé dans le sens du pronom démonstratif *ceci*. Ainsi, quand on dit : Il faut parmi le monde une vertu traitable, c'est comme si l'on disait : Ceci, c'est-à-dire une vertu traitable, faut, est nécessaire, parmi le monde.

Le verbe unipersonnel Il y a, *de quoi tient-il la place?* Du verbe *Être* ou *exister*. Il y a une nouvelle, veut dire une nouvelle existe; Il y avait un homme, veut dire un homme existait.

(*Voyez* le tableau des conjugaisons, pag. 73.)

CHAPITRE VIII.

CONJUGAISON DES VERBES.

§ I. *Conjugaison des verbes actifs.*

PREMIÈRE CONJUGAISON.

AIMER.

Temps simples.   *Temps composés.*

INDICATIF.

PRÉSENT.	PASSÉ INDÉFINI.
J'aime.	J'ai aimé.
Tu aimes.	Tu as aimé.
Il aime.	Il a aimé.
Nous aimons.	Nous avons aimé.
Vous aimez.	Vous avez aimé.
Ils aiment.	Ils ont aimé.

IMPARFAIT.	PLUSQUE-PARFAIT.
J'aimais.	J'avais aimé.
Tu aimais.	Tu avais aimé.
Il aimait.	Il avait aimé.
Nous aimions.	Nous avions aimé.
Vous aimiez.	Vous aviez aimé.
Ils aimaient.	Ils avaient aimé.

PASSÉ DÉFINI.	PRÉTÉRIT ANTÉRIEUR.
J'aimai.	J'eus aimé.
Tu aimas.	Tu eus aimé.

Temps simples.	*Temps composés.*

Il aim*a*.	Il eut aimé.
Nous aim*âmes*.	Nous eûmes aimé.
Vous aim*âtes*.	Vous eûtes aimé.
Ils aim*èrent*.	Ils eurent aimé.

FUTUR.	FUTUR PASSÉ.
J'aim*erai*	J'aurai aimé.
Tu aim*eras*.	Tu auras aimé.
Il aim*era*.	Il aura aimé.
Nous aim*erons*.	Nous aurons aimé.
Vous aim*erez*.	Vous aurez aimé.
Ils aim*eront*.	Ils auront aimé.

IMPÉRATIF.

PRÉSENT.

Aim*e*.
Qu'il aim*e*.
Aim*ons*.
Aim*ez*.
Qu'ils aim*ent*.

SUBJONCTIF.

PRÉSENT.	PARFAIT.
Que j'aim*e*.	Que j'aie aimé.
Que tu aim*es*.	Que tu aies aimé.
Qu'il aim*e*.	Qu'il ait aimé.
Que nous aim*ions*.	Que nous ayons aimé.
Que vous aim*iez*.	Que vous ayez aimé.
Qu'ils aim*ent*.	Qu'ils aient aimé.

IMPARFAIT.	PLUSQUE-PARFAIT.
Que j'aim*asse*.	Que j'eusse aimé.
Que tu aim*asses*.	Que tu eusses aimé.
Qu'il aim*ât*.	Qu'il eût aimé.
Que nous aim*assions*.	Que nous eussions aimé.
Que vous aim*assiez*.	Que vous eussiez aimé.
Qu'ils aim*assent*.	Qu'ils eussent aimé.

Temps simples.   *Temps composés.*

CONDITIONNEL.

PRÉSENT.	PASSÉ.
J'aim*erais*.	J'aurais aimé.
Tu aim*erais*.	Tu aurais aimé.
Il aim*erait*.	Il aurait aimé.
Nous aim*erions*.	Nous aurions aimé.
Vous aim*eriez*.	Vous auriez aimé.
Ils aim*eraient*.	Ils auraient aimé. (1)

INFINITIF.

PRÉSENT.	PASSÉ.
Aim*er*.	Avoir aimé.

PARTICIPES.

PRÉSENT.

Aim*ant*.

GÉRONDIF.

En aim*ant*.

PASSÉ.	ACTIF PASSÉ.
Aim*é*, Aim*ée* ; Aim*és*, Ai-mé*es*.	Ayant aimé.

FINIR.

INDICATIF.

PRÉSENT.	PASSÉ INDÉFINI.
Je fini*s*.	J'ai fini.
Tu fini*s*.	Tu as fini.
Il fini*t*.	Il a fini.
Nous finiss*ons*.	Nous avons fini.
Vous finiss*ez*.	Vous avez fini.
Ils finiss*ent*.	Ils ont fini.

(1) On dit aussi : *J'eusse aimé, tu eusses aimé, il eût aimé, nous eussions aimé, vous eussiez aimé, ils eussent aimé.*

Temps simples.	*Temps composés.*
IMPARFAIT.	PLUSQUE-PARFAIT.
Je finiss*ais*.	J'avais fini.
Tu finiss*ais*.	Tu avais fini.
Il finiss*ait*.	Il avait fini.
Nous finiss*ions*	Nous avions fini.
Vous finiss*iez*.	Vous aviez fini.
Ils finiss*aient*.	Ils avaient fini.
PASSÉ DÉFINI.	PRÉTÉRIT ANTÉRIEUR.
Je fini*s*.	J'eus fini.
Tu fini*s*.	Tu eus fini.
Il fini*t*.	Il eut fini.
Nous finî*mes*.	Nous eûmes fini.
Vous finî*tes*.	Vous eûtes fini.
Ils fini*rent*.	Ils eurent fini.
FUTUR.	FUTUR PASSÉ.
Je fini*rai*.	J'aurai fini.
Tu fini*ras*.	Tu auras fini.
Il fini*ra*.	Il aura fini.
Nous fini*rons*.	Nous aurons fini.
Vous fini*rez*.	Vous aurez fini.
Ils fini*ront*.	Ils auront fini.

IMPÉRATIF.

PRÉSENT.

Fini*s*.
Qu'il fini*sse*.
Fini*ssons*.
Fini*ssez*.
Qu'ils fini*ssent*.

SUBJONCTIF.

PRÉSENT.	PARFAIT.
Que je fini*sse*.	Que j'aie fini.
Que tu fini*sses*.	Que tu aies fini.
Qu'il fini*sse*.	Qu'il ait fini.
Que nous fini*ssions*.	Que nous ayons fini.
Que vous fini*ssiez*.	Que vous ayez fini.
Qu'ils fini*ssent*.	Qu'ils aient fini.

Temps simples.   *Temps composés.*

IMPARFAIT.	PLUSQUE-PARFAIT.
Que je finis*se.*	Que j'eusse fini.
Que tu finis*ses.*	Que tu eusses fini.
Qu'il fin*ît.*	Qu'il eût fini.
Que nous finis*sions.*	Que nous eussions fini.
Que vous finis*siez.*	Que vous eussiez fini.
Qu'ils finis*sent.*	Qu'ils eussent fini.

CONDITIONNEL.

PRÉSENT.	PASSÉ.
Je fini*rais.*	J'aurais fini.
Tu fini*rais.*	Tu aurais fini.
Il fini*rait.*	Il aurait fini.
Nous fini*rions.*	Nous aurions fini.
Vous fini*riez.*	Vous auriez fini.
Ils fini*raient.*	Ils auraient fini. (1)

INFINITIF.

PRÉSENT.	PASSÉ.
Fin*ir.*	Avoir fini.

PARTICIPES.

PRÉSENT.	
Finiss*ant.*	

GÉRONDIF.	
En finiss*ant.*	

PASSÉ.	ACTIF PASSÉ.
Fini, finie; finis, finies.	Ayant fini.

---

(1) On dit aussi : *J'eusse fini, tu eusses fini, il eût fini, nous eussions fini, vous eussiez fini, ils eussent fini.*

6

Temps simples.   *Temps composés.*

RECEVOIR.

INDICATIF.

PRÉSENT.
Je reçois.
Tu reçois.
Il reçoit.
Nous recevons.
Vous recevez.
Ils reçoivent.

IMPARFAIT.
Je recevais.
Tu recevais.
Il recevait.
Nous recevions.
Vous receviez.
Ils recevaient.

PASSÉ DÉFINI.
Je reçus.
Tu reçus.
Il reçut.
Nous reçûmes.
Vous reçûtes.
Ils reçurent.

FUTUR.
Je recevrai.
Tu recevras.
Il recevra.
Nous recevrons.
Vous recevrez.
Ils recevront.

PASSÉ INDÉFINI.
J'ai reçu.
Tu as reçu.
Il a reçu.
Nous avons reçu.
Vous avez reçu.
Ils ont reçu.

PLUSQUE-PARFAIT.
J'avais reçu.
Tu avais reçu.
Il avait reçu.
Nous avions reçu.
Vous aviez reçu.
Ils avaient reçu.

PRÉTÉRIT ANTÉRIEUR.
J'eus reçu.
Tu eus reçu.
Il eut reçu.
Nous eûmes reçu.
Vous eûtes reçu.
Ils eurent reçu.

FUTUR PASSÉ.
J'aurai reçu.
Tu auras reçu.
Il aura reçu.
Nous aurons reçu.
Vous aurez reçu.
Ils auront reçu.

IMPÉRATIF.

PRÉSENT.
Reçois.
Qu'il reçoive.

Temps simples.	*Temps composes.*
Recevons.	
Recevez.	
Qu'ils reçoivent.	

SUBJONCTIF.

PRÉSENT.	PARFAIT.
Que je reçoive.	Que j'aie reçu.
Que tu reçoives.	Que tu aies reçu.
Qu'il reçoive.	Qu'il ait reçu.
Que nous recevions.	Que nous ayons reçu.
Que vous receviez.	Que vous ayez reçu.
Qu'ils reçoivent.	Qu'ils aient reçu.

IMPARFAIT.	PLUSQUE-PARFAIT.
Que je reçusse.	Que j'eusse reçu.
Que tu reçusses.	Que tu eusses reçu.
Qu'il reçût.	Qu'il eût reçu.
Que nous reçussions.	Que nous eussions reçu.
Que vous reçussiez.	Que vous eussiez reçu.
Qu'ils reçussent.	Qu'ils eussent reçu.

CONDITIONNEL.

PRÉSENT.	PASSÉ.
Je recevrais.	J'aurais reçu.
Tu recevrais.	Tu aurais reçu.
Il recevrait.	Il aurait reçu.
Nous recevrions.	Nous aurions reçu.
Vous recevriez.	Vous auriez reçu.
Ils recevraient.	Ils auraient reçu. (1)

INFINITIF.

PRÉSENT.	PASSÉ.
Recevoir.	Avoir reçu.

(1) On dit aussi : *J'eusse reçu, tu eusses reçu, il eût reçu, nous eussions reçu, vous eussiez reçu, ils eussent reçu.*

Temps simples.   *Temps composés.*

PARTICIPES.

PRÉSENT.
Recev*ant.*

GÉRONDIF.
En recev*ant.*

PASSÉ.
Reçu, reçu*e*; reçu*s*, reçu*es.*

ACTIF PASSÉ.
Ayant reçu.

RENDRE.

INDICATIF.

PRÉSENT.
Je ren*ds.*
Tu ren*ds.*
Il ren*d.*
Nous rend*ons.*
Vous rend*ez.*
Ils rend*ent.*

PASSÉ INDÉFINI.
J'ai rendu.
Tu as rendu.
Il a rendu.
Nous avons rendu.
Vous avez rendu.
Ils ont rendu.

IMPARFAIT.
Je rend*ais.*
Tu rend*ais.*
Il rend*ait.*
Nous rend*ions.*
Vous rend*iez.*
Ils rend*aient.*

PLUSQUE-PARFAIT.
J'avais rendu.
Tu avais rendu.
Il avait rendu.
Nous avions rendu.
Vous aviez rendu.
Ils avaient rendu.

PASSÉ DÉFINI.
Je ren*dis.*
Tu ren*dis.*
Il ren*dit.*
Nous rend*îmes.*
Vous rend*îtes.*
Ils rend*irent.*

PRÉTÉRIT ANTÉRIEUR.
J'eus rendu.
Tu eus rendu.
Il eut rendu.
Nous eûmes rendu.
Vous eûtes rendu.
Ils eurent rendu.

FUTUR.
Je rend*rai.*
Tu rend*ras.*
Il rend*ra.*

FUTUR PASSÉ.
J'aurai rendu.
Tu auras rendu.
Il aura rendu.

Temps simples.	*Temps composés.*
Nous ren*drons*.	Nous aurons rendu.
Vous ren*drez*.	Vous aurez rendu.
Ils ren*dront*.	Ils auront rendu.

IMPÉRATIF.

PRÉSENT.

Ren*ds*.
Qu'il ren*de*.
Ren*dons*.
Ren*dez*.
Qu'ils ren*dent*.

SUBJONCTIF.

PRÉSENT.	PARFAIT.
Que je ren*de*.	Que j'aie rendu.
Que tu ren*des*.	Que tu aies rendu.
Qu'il ren*de*.	Qu'il ait rendu.
Que nous ren*dions*.	Que nous ayons rendu.
Que vous ren*diez*.	Que vous ayez rendu.
Qu'ils ren*dent*.	Qu'ils aient rendu.
IMPARFAIT.	PLUSQUE-PARFAIT.
Que je ren*disse*.	Que j'eusse rendu.
Que tu ren*disses*.	Que tu eusses rendu.
Qu'il ren*dît*.	Qu'il eût rendu.
Que nous ren*dissions*.	Que nous eussions rendu.
Que vous ren*dissiez*.	Que vous eussiez rendu.
Qu'ils ren*dissent*.	Qu'ils eussent rendu.

CONDITIONNEL.

PRÉSENT.	PASSÉ.
Je ren*drais*.	J'aurais rendu.
Tu ren*drais*.	Tu aurais rendu.
Il ren*drait*.	Il aurait rendu.
Nous ren*drions*.	Nous aurions rendu.

Temps simples.	*Temps composés.*
Vous rend*riez*.	Vous auriez rendu.
Ils rend*raient*.	Ils auraient rendu. (1)

INFINITIF.

PRÉSENT.	PASSÉ.
Rend*re*.	Avoir rendu.

PARTICIPES.

PRÉSENT.

Rend*ant*.

GÉRONDIF.

En rend*ant*.

PASSÉ.

Rendu, rend*ue*; rend*us*, rend*ues*.

ACTIF PASSÉ.

Ayant rendu.

§ II. *Conjugaison des verbes passifs.*

ÊTRE AIMÉ.

INDICATIF.

PRÉSENT.	PASSÉ INDÉFINI.
Je suis aimé *ou* aimée.	J'ai été aimé *ou* aimée.
Tu es aimé *ou* aimée.	Tu as été aimé *ou* aimée.
Il est aimé *ou* elle est aimée.	Il a été aimé *ou* elle a été aimée.
Nous sommes aimées *ou* aimées.	Nous avons été aimés *ou* aimées.
Vous êtes aimés *ou* aimées.	Vous av. été aimés *ou* aimées.
Ils sont aimés *ou* elles sont aimées.	Ils ont été aimés *ou* elles ont été aimées.
IMPARFAIT.	PLUSQUE-PARFAIT.
J'étais aimé *ou* aimée.	J'avais été aimé *ou* aimée.
Tu étais aimé.	Tu avais été aimé.

---

(1) On dit aussi : *J'eusse rendu, tu eusses rendu, il eût rendu, nous eussions rendu, vous eussiez rendu, ils eussent rendu.*

<table>
<tr><td>Temps simples.</td><td>Temps composés.</td></tr>
</table>

Il était aimé.	Il avait été aimé.
Nous étions aimés.	Nous avions été aimés.
Vous étiez aimés.	Vous aviez été aimés.
Ils étaient aimés.	Ils avaient été aimés.

PASSÉ DÉFINI.

	PRÉTÉRIT ANTÉRIEUR.
Je fus aimé *ou* aimée.	J'eus été aimé *ou* aimée.
Tu fus aimé.	Tu eus été aimé.
Il fut aimé.	Il eut été aimé.
Nous fûmes aimés.	Nous eûmes été aimés.
Vous fûtes aimés.	Vous eûtes été aimés.
Ils furent aimés.	Ils eurent été aimés.

FUTUR.   FUTUR COMPOSÉ.

Je serai aimé.	J'aurai été aimé *ou* aimée.
Tu seras aimé	Tu auras été aimé.
Il sera aimé.	Il aura été aimé.
Nous serons aimés.	Nous aurons été aimés.
Vous serez aimés.	Vous aurez été aimés.
Ils seront aimés.	Ils auront été aimés.

IMPÉRATIF.

PRÉSENT.

Sois aimé *ou* aimée.
Qu'il soit aimé.
Soyons aimés.
Soyez aimés.
Qu'ils soient aimés.

SUBJONCTIF.

PRÉSENT.	PARFAIT.
Que je sois aimé *ou* aimée.	Que j'aie été aimé *ou* aimée.
Que tu sois aimé.	Que tu aies été aimé.
Qu'il soit aimé.	Qu'il ait été aimé.
Que nous soyons aimés.	Que nous ayons été aimés.
Que vous soyez aimés.	Que vous ayez été aimés
Qu'ils soient aimés.	Qu'ils aient été aimés.

IMPARFAIT.	PLUSQUE-PARFAIT.
Que je fusse aimé *ou* aimée	Que j'eusse été aimé.

Temps simples.   *Temps composés.*
Que tu fusses aimé.   Que tu eusses été aimé.
Qu'il fût aimé.   Qu'il eût été aimé.
Que nous fussions aimés.   Que nous eussions été aimés.
Que vous fussiez aimés.   Que vous eussiez été aimés.
Qu'ils fussent aimés.   Qu'ils eussent été aimés.

CONDITIONNEL.

PRÉSENT.   PASSÉ.
Je serais aimé *ou* aimée.   J'aurais été aimé *ou* aimée.
Tu serais aimé.   Tu aurais été aimé.
Il serait aimé.   Il aurait été aimé.
Nous serions aimés.   Nous aurions été aimés.
Vous seriez aimés.   Vous auriez été aimés.
Ils seraient aimés.   Ils auraient été aimés. (1).

INFINITIF.

PRÉSENT.   PASSÉ.
Être aimé *ou* aimée.   Ayant été aimé *ou* aimée.

PARTICIPES.

PRÉSENT.   ACTIF PASSÉ.
Etant aimé *ou* aimée.   Ayant été aimé *ou* aimée.

§ III. *Conjugaison des verbes neutres.*

Les temps simples des verbes neutres se conjuguent comme les temps simples des verbes actifs.

Temps composés.

DORMIR.   # TOMBER.

Ce verbe se conjugue avec l'auxiliaire *avoir*.   Ce verbe se conjugue avec l'auxiliaire *être*.

---

(1) On dit aussi : *J'eusse été aimé* ou *aimée, tu eusses été aimé, il eût été aimé, nous eussions été aimés, vous eussiez été aimés, ils eussent été aimés.*

INDICATIF.

PASSÉ INDÉFINI.

J'ai dormi.	Je suis tombé *ou* tombée.
Tu as dormi.	Tu es tombé *ou* tombée.
Il *ou* elle a dormi.	Il *ou* elle est tombé *ou* tombée.
Nous avons dormi.	Nous sommes tombés *ou* tombées.
Vous avez dormi.	Vous êtes tombés *ou* tombées.
Ils *ou* elles ont dormi.	Ils *ou* elles sont tombés *ou* tombées.

PLUSQUE-PARFAIT.

J'avais dormi.	J'étais tombé *ou* tombée.
Tu avais dormi.	Tu étais tombé.
Il avait dormi.	Il était tombé.
Nous avions dormi.	Nous étions tombés.
Vous aviez dormi.	Vous étiez tombés.
Ils avaient dormi.	Ils étaient tombés.

PRÉTÉRIT ANTÉRIEUR.

J'eus dormi.	Je fus tombé *ou* tombée.
Tu eus dormi.	Tu fus tombé.
Il eut dormi.	Il fut tombé.
Nous eûmes dormi.	Nous fûmes tombés.
Vous eûtes dormi.	Vous fûtes tombés.
Ils eurent dormi.	Ils furent tombés.

FUTUR PASSÉ.

J'aurai dormi.	Je serai tombé *ou* tombée.
Tu auras dormi.	Tu seras tombé.
Il aura dormi.	Il sera tombé.
Nous aurons dormi.	Nous serons tombés.
Vous aurez dormi.	Vous serez tombés.
Ils auront dormi.	Ils seront tombés.

SUBJONCTIF.

PARFAIT.

Que j'aie dormi.	Que je sois tombé *ou* tombée.
Que tu aies dormi.	Que tu sois tombé.

Qu'il ait dormi.	Qu'il soit tombé.
Que nous ayons dormi.	Que nous soyons tombés.
Que vous ayez dormi.	Que vous soyez tombés.
Qu'ils aient dormi.	Qu'ils soient tombés.

PLUSQUE-PARFAIT.

Que j'eusse dormi.	Que je fusse tombé *ou* tombée.
Que tu eusses dormi.	Que tu fusses tombé.
Qu'il eût dormi.	Qu'il fût tombé.
Que nous eussions dormi.	Que nous fussions tombés.
Que vous eussiez dormi.	Que vous fussiez tombés.
Qu'ils eussent dormi.	Qu'ils fussent tombés.

CONDITIONNEL.

PASSÉ.

J'aurais dormi.	Je serais tombé *ou* tombée.
Tu aurais dormi.	Tu serais tombé.
Il aurait dormi.	Il serait tombé.
Nous aurions dormi.	Nous serions tombés.
Vous auriez dormi.	Vous seriez tombés.
Ils auraient dormi. (1)	Ils seraient tombés. (2)

INFINITIF.

PASSÉ.

Avoir dormi.	Être tombé, ée ; és, ées.

PARTICIPE.

ACTIF PASSÉ.

Ayant dormi.	Étant tombé, ée ; és, ées.

---

(1) On dit aussi : *J'eusse dormi, tu eusses dormi, il eût dormi, nous eussions dormi, vous eussiez dormi, ils eussent dormi.*

(2) On dit aussi : *Je fusse tombé* ou *tombée, tu fusses tombé, il fût tombé, nous fussions tombés* ou *tombées, vous fussiez tombés, ils fussent tombés.*

§ IV. *Conjugaison des verbes réfléchis.*

SE REPENTIR.

Temps simples.   *Temps composés.*

INDICATIF.

Temps simples	Temps composés
PRÉSENT.	**PASSÉ INDÉFINI.**
Je me repens.	Je me suis repenti *ou* re-pentie.
Tu te repens.	Tu t'es repenti *ou* repentie.
Il *ou* elle se repent.	Il s'est repenti *ou* elle s'est repentie.
Nous nous repentons.	Nous nous sommes repentis *ou* repenties.
Vous vous repentez.	Vous vous êtes repentis *ou* repenties.
Ils *ou* elles se repentent.	Ils se sont repentis *ou* elles se sont repenties.
IMPARFAIT.	**PLUSQUE-PARFAIT.**
Je me repentais.	Je m'étais repenti.
Tu te repentais.	Tu t'étais repenti.
Il se repentait.	Il s'était repenti.
Nous nous repentions.	Nous nous étions repentis.
Vous vous repenticz.	Vous vous étiez repentis.
Ils se repentaient.	Ils s'étaient repentis.
PASSÉ DÉFINI.	**PRÉTÉRIT ANTÉRIEUR.**
Je me repentis.	Je me fus repenti.
Tu te repentis.	Tu te fus repenti.
Il se repentit.	Il se fut repenti.
Nous nous repentîmes.	Nous nous fûmes repentis.
Vous vous repentîtes.	Vous vous fûtes repentis.
Ils se repentirent.	Ils se furent repentis.
FUTUR.	**FUTUR PASSÉ.**
Je me repentirai.	Je me serai repenti.
Tu te repentiras.	Tu te seras repenti.
Il se repentira.	Il se sera repenti.
Nous nous repentirons.	Nous nous serons repentis.

Temps simples.   *Temps composés.*

Vous vous repentirez.   Vous vous serez repentis.
Ils se repentiront.   Ils se seront repentis.

IMPÉRATIF.

PRÉSENT.
Repens-toi.
Qu'il se repente.
Repentons-nous.
Repentez-vous.
Qu'ils se repentent.

SUBJONCTIF.

PRÉSENT.   PARFAIT.
Que je me repente.   Que je me sois repenti.
Que tu te repentes.   Que tu te sois repenti.
Qu'il se repente.   Qu'il se soit repenti.
Que nous nous repentions.   Que n. n. soyons repentis.
Que vous vous repentiez.   Que v. v. soyez repentis.
Qu'ils se repentent.   Qu'ils se soient repentis.

IMPARFAIT.   PLUSQUE-PARFAIT.
Que je me repentisse.   Que je me fusse repenti.
Que tu te repentisses.   Que tu te fusses repenti.
Qu'il se repentît.   Qu'il se fût repenti.
Que nous nous repentissions   Que n. n. fussions repentis.
Que vous vous repentissiez.   Que v. v. fussiez repentis.
Qu'ils se repentissent.   Qu'ils se fussent repentis.

CONDITIONNEL.

PRÉSENT.   PASSÉ.
Je me repentirais.   Je me serais repenti *ou* re-
                                   pentie.
Tu te repentirais.   Tu te serais repenti.
Il se repentirait.   Il se serait repenti.
Nous nous repentirions.   Nous nous serions repentis.
Vous vous repentiriez.   Vous vous seriez repentis.
Ils se repentiraient.   Ils se seraient repentis.

<table>
<tr><td>Temps simples.</td><td>Temps composés.</td></tr>
</table>

INFINITIF.

PRÉSENT.	PASSÉ.
Se repentir.	S'être repenti.

PARTICIPES.

PRÉSENT.
Se repentant.

GÉRONDIF.
En se repentant.

PASSÉ.	ACTIF PASSÉ.
Repenti, ie ; is , ies.	S'étant repenti , ie ; is , ies.

FALLOIR.

<table>
<tr><td>Temps simples.</td><td>Temps composés.</td></tr>
</table>

INDICATIF.

PRÉSENT.	PASSÉ INDÉFINI.
Il faut.	Il a fallu.
IMPARFAIT.	PLUSQUE-PARFAIT.
Il fallait.	Il avait fallu.
PASSÉ DÉFINI.	PRÉTÉRIT ANTÉRIEUR.
Il fallut.	Il eût fallu.
FUTUR.	FUTUR PASSÉ.
Il faudra.	Il aura fallu.

SUBJONCTIF.

PRÉSENT.	PARFAIT.
Qu'il faille.	Qu'il ait fallu.
IMPARFAIT.	PLUSQUE-PARFAIT.
Qu'il fallût.	Qu'il eût fallu.

CONDITIONNEL.

PRÉSENT.	PASSÉ.
Il faudrait.	Il aurait fallu. (1)

INFINITIF.	PARTICIPE.
PRÉSENT.	ACTIF PASSÉ.
Falloir.	Ayant fallu.

(1) On dit aussi : *Il eût fallu.*

CHAPITRE IX.

SUBDIVISIONS DES PARTICULES.

§ I. *Prépositions.*

82.

Qu'est-ce qu'une PRÉPOSITION *proprement dite ?* C'est une préposition qui ne fait connaître ni le genre ni le nombre du nom dont elle est suivie, mais qui en indique seulement le cas.

Exemples : *De, à, pour, sans, avec, jusqu'à, près de,* etc.

Comment divise-t-on les prépositions ? En simples, qui s'expriment par un seul mot, telles sont : *de, à, en, pour ;* et en composées, qui s'expriment par plusieurs mots, telles sont : *hors de, jusqu'à, vis-à-vis de.*

83.

Qu'est-ce que les ARTICLES ? Ce sont des espèces de prépositions qui font comprendre le nombre, et quelquefois le genre du nom auquel on les joint : ce sont : *le, la, les, du, des, au, aux.*

Quel genre et quel nombre indiquent les articles ? Le, du (pour *de le*), *au* (pour *à le*), indiquent le masculin singulier ; *la* indique le féminin singulier ; *les, des* (pour *de les*), *aux* (pour *à les*), indiquent le pluriel des deux genres.

§ II. *Adverbes.*

84.

Qu'est-ce que les adverbes de TEMPS ? Ce sont des adverbes qui expriment le temps dans lequel on *est*, on *a*, on *agit*. Ils répondent à la question *Quand ?* ou *Pendant combien de temps ?*

Exemples : *Aujourd'hui, autrefois, demain,* etc.

85.

Qu'est-ce que les adverbes de LIEU ? Ce sont des adverbes qui expriment le lieu dans lequel on *est*, on *a*, on *agit*. Ils répondent aux questions *Où ? d'où ? par où ?*

Exemples : *Ici, là, par là,* etc.

86.

Qu'est-ce que les adverbes de MANIÈRE ? Ce sont des adverbes qui expriment la manière dont on *est*, dont on *a*, dont on *agit*. Ils répondent à la question *Comment ?*

Exemples : *Bien, mal, passablement.*

87.

Qu'est-ce que les adverbes de QUANTITÉ? Ce sont des adverbes qui expriment l'étendue et la quantité. Ils répondent à la question *Combien? à quel point?*

Exemples : *Beaucoup, peu, assez.*

88.

*Qu'est-ce que les adverbes d'*INTERROGATION ? Ce sont des adverbes qui expriment l'interrogation.

Exemples : *Quand? où ? comment ? combien ? pourquoi ?*

89.

Qu'est-ce que les adverbes de NÉGATION ? Ce sont des adverbes qui expriment la négation, c'est-à-dire qui nient l'existence, la possession ou l'action.

Exemples : *Non, ne, ne....pas, ne....point.*

90.

*Qu'est-ce que les adverbes d'*AFFIRMATION? Ce sont des adverbes qui affirment avec certitude que l'on *est*, que l'on *a*, ou que l'on *agit*.

Exemples : *Oui, sûrement, assurément,* etc.

(Pour les subdivisions des conjonctions, voy. *Leçons de grammaire*, du n° 91 au n° 101.)

DEUXIÈME PARTIE.

ORTHOGRAPHE.

LEÇON PRÉLIMINAIRE.

Qu'est-ce que l'orthographe des mots ? C'est la manière de les écrire correctement.

Combien y a-t-il d'espèces d'orthographe ? Il y en a deux : l'orthographe usuelle et l'orthographe grammaticale.

Qu'est-ce que l'orthographe usuelle ? C'est celle qui dépend entièrement de l'usage et que l'on ne peut apprendre qu'en étudiant l'origine, l'étymologie des mots, ou en consultant les dictionnaires. L'usage seul apprendra qu'il faut écrire ainsi : *dans*, préposition , et non *dant* ou *dent*.

Qu'est-ce que l'orthographe grammaticale ? C'est celle qui dépend de la connaissance des règles de la grammaire. Ainsi, celui qui sait que l'on ajoute une *s* au substantif pour en former le pluriel, écrira *des hommes* et non *des homme*.

7.

CHAPITRE PREMIER.

DE L'ORTHOGRAPHE USUELLE.

De toutes les règles d'orthographe usuelle, quelle est celle qui s'applique à un plus grand nombre de mots ? C'est la règle de dérivation ou de famille de mots, qui enseigne à conserver, autant que possible, dans les mots d'une même famille certaines lettres qui composent en tout ou en partie le mot primitif considéré comme le chef de cette famille. Cette règle, qui est appliquable à une immense quantité de mots, offre toutefois un grand nombre d'exceptions.

Expliquez par des exemples ce qu'on entend par famille de mots et par mot primitif. On regarde comme primitif un mot qui sert à en former d'autres, soit par l'addition d'une ou de plusieurs syllabes, soit en se composant avec d'autres mots. Ainsi, le mot *bon* est primitif, parce que de lui dérivent les mots *bonté, bonnement, bonnifier, bonnasse*, par l'addition de quelques terminaisons. De ce même primitif se forment encore les mots *bonheur, bonjour, bonsoir, bonhomme, bonhomie.* Ces derniers s'appellent composés, parce qu'ils sont composés du mot primitif et d'un autre mot usité ou non qu'on y ajoute ; les premiers s'appellent dérivés.

Faites connaître la famille du mot grand, *c'est-à-dire présentez en forme de tableau les dérivés et les composés de ce mot primitif.*

	grande. . grandement.	
GRAND.	grandir. agrandir. grandeur. grandiose. grand'mère. grand'messe. grandesse. grandissime. grandelet.	ragrandir. agrandissement. ragrandissement.

Faites voir comment, par la dérivation, on peut connaître les consonnes finales des mots primitifs. Si l'on a recours aux dérivés, on saura que les lettres *d*, *l*, *p*, *t*, terminent les substantifs *dard*, *gril*, *drap*, *trot*, parce que ces lettres se font sentir dans les dérivés *darder, griller, draper, trotter.* On saura de même que les consonnes *d*, *t*, *s*, terminent les adjectifs *grand*, *puissant*, *soumis*, par les dérivés *grande, puissante, soumise.*

Par quel moyen peut-on connaître les consonnes finales des mots qui n'ont point de dérivés ? En plaçant immédiatement après ces mots un autre mot qui commence par une voyelle ou une *h* muette; ainsi on saura que les mots *beaucoup, sans, état, nez,* sont terminés par les consonnes *p*, *s*, *t*, *z*, parce que ces consonnes se font sentir lorsqu'on dit : *beaucoup aimé, sans ennui, état alarmant, nez aquilin.*

Quelle règle faut-il suivre dans l'orthographe des mots d'une même famille ? Il faut écrire de la même manière, dans les dérivés, les syllabes et les sons qui se trouvent dans le primitif. Ainsi, dans les mots *scientifique, scientifiquement, prescience, conscience, escient, sciemment* la syllabe ou le son *scien* s'écrira de cette manière, parce qu'il se trouve ainsi écrit dans *science* qui en est le primitif. On observera que si dans *sciemment,* le son *a* s'écrit par *em*, c'est uniquement pour conserver l'orthographe du primitif.

Quelles règles peut-on donner sur l'orthographe des voyelles nasales ? Toute voyelle nasale *an*, *en*, *in*, *on*, *un* change *n* en *m* devant *m*, *b*, *p*. Exemples, *Am*poule, i*mm*unité, *em*bellir, *im*poser, *trom*per, *hum*ble, etc., excepté dans les mots bo*n*bon, e*m*bo*n*point, no*n*pareille, néa*n*moins, nous vî*n*mes, nous tî*n*mes.

Dans quel cas le son eu *s'écrit-il par* œu *et* œ? Il s'écrit par *œu* dans bœuf, œuf, cœur, chœur d'église, manœuvre, mœurs, nœud, œuvre, sœur, vœu; et par *œ* dans œil, œillet.

CHAPITRE II.

ACCENS, TRÉMA, APOSTROPHE, TRAIT-D'UNION, CEDILLE ET LETTRES CAPITALES.

§ I. *Accens.*

Qu'entend-on par accens en grammaire ? On nomme *accens* certains signes qui se placent sur les voyelles pour indiquer la manière dont on doit les prononcer.

Combien y a-t-il d'accens ? Il y en a trois, savoir : l'accent *aigu* (´), le *grave* (`) et le *circon-flexe* (ˆ).

Où se place l'accent aigu ? Sur les *é* fermés qui terminent une syllabe, comme dans *sé-vé-ri-té*. *Danger, lisez* s'écrivent sans accens, bien que la prononciation indique l'*é* fermé, parce que ce n'est pas l'*é*, mais l'*r* et le *z* qui terminent la syllabe. On supprime encore l'accent sur l'*é* fermé quand il est suivi d'un *x*, comme dans *exil* pour *eg-zil*, *Alexandre*, etc.

Où se place l'accent grave? On le place 1° sur les *é* ouverts, comme dans *père*, *progrès*, excepté lorsque l'*é* ouvert est suivi d'un *x*, comme dans *sexe*, *vexatoire*, 2° sur *à* préposition pour le distinguer de *a* verbe; 3° sur *là* adverbe pour le distinguer de *la* article ; 4° sur *dès* préposition pour le distinguer de *des* article; 5° sur *où* marquant le lieu pour le distinguer de *ou* conjonction disjonctive ; 6° enfin sur l'*a* final dans les mots *déjà*, *voilà*, *çà*, *en-deçà*, *au-delà*, *oui-dà*, *par-delà*.

Où se place l'accent circonflexe? On le place 1° Sur les voyelles qui représentent un son long. Exemples : *âge*, *chêne*, *gîte*, *aumône*, *flûte*, etc.

2° Sur la troisième personne du singulier de l'imparfait du subjonctif, exemples : qu'il *fût*, qu'il *eût*, qu'il *aimât*, etc. ; et sur la première et la deuxième personne plurielle du passé défini. Exemples : Nous *fûmes*, vous *aimâtes*, etc.

3° Sur les mots *dû*, *tû*, et *crû*, participes des

verbes *devoir*, *taire* et *croître*, pour les distinguer de *du* article, de *tu* pronom, et de *cru* participe de *croire*.

§ II. *Tréma.*

Qu'est-ce que le tréma ? C'est un double point (··) qu'on place sur une voyelle pour la faire prononcer séparément de celle qui la précède, comme dans ces mots : *Haïr*, *Saül*, *laïque*, etc., qui sans le tréma se prononceraient comme *hère*, *sôle*, *laique*.

§ III. *Apostrophe.*

Qu'est-ce que l'apostrophe et à quoi sert-elle ? L'apostrophe est un petit signe (') qui se place entre deux lettres et qui indique la suppression d'une des trois voyelles *a*, *e* muet et *i*. *A* et *e* se suppriment dans les mots *je, me, te, ce, se, de, ne, le, la que*, lorsque le mot qui suit ces monosyllabes commence par une *voyelle* ou une *h* muette : ainsi au lieu d'écrire *je* étudie *la* histoire, etc., on écrit *j'*étudie *l'*histoire, etc.

Quelque perd l'*e* final devant *un* et *autre*, *quelqu'un*, *quelqu'autre*.

Entre et *presque* perdent l'*e* final dans la composition des mots. Exemples : *Entr'acte*, *presqu'île.*—*Quoique*, *puisque* et *lorsque* perdent l'*e* avant *il*, *elle*, *on*, *un*, *une*. Exemples : *lorsqu'il* parle, *puisqu'on* veut, etc.

Grande perd l'*e* dans les expressions *grand'mère*, *grand'messe*, etc. par raison d'usage et de prononciation.

Jusque perd l'*e* avant *à*, *au*, *aux*, *ici*. Exemples : *Jusqu'à* moi, *jusqu'au* ciel, *jusqu'aux* cieux, *jusqu'ici*.

I s'élide dans *si*, suivi de *il* ou *ils*. Exemples : *S'il* est sage, *s'ils* viennent, et non *si il* est sage, etc.

§ IV. *Trait d'union.*

Qu'est-ce que le trait d'union et à quoi sert-il ? Le trait d'union est un petit signe (-) qui sert ordinairement à lier deux mots qui par le sens n'en doivent faire qu'un seul. Exemples : *Coup-d'œil*, *chausse-pied*. Il se met aussi entre les verbes et les pronoms placés après le verbe. Exemples : *Irai-je*, *vient-on*, *donne-lui*, *portes-en*, *allez-y*, *dites-le-moi*. Il lie aussi l'adjectif *même* à un pronom. Exemples : *Lui-même*, *nous-mêmes*; les monosyllabes *là* et *ci* à un autre mot. Exemples : *Celui-là*, *celle-ci*, *là-haut*, *ci-dessus*, ce *livre-ci*, cette *plume-là*, etc.

§ V. *Cédille.*

Qu'est-ce que la cédille et quel en est l'usage ? La cédille est une espèce de petit *c* (ç) qu'on met sous le *c*, afin d'en adoucir la prononciation, quand il est suivi des voyelles *a*, *o*, *u*, comme dans *Français*, *commençons*, il *reçut*, etc., qui sans cela se prononceraient *Frankais*, *commenkons*, il *rekut*.

§ VI. *Lettres capitales ou majuscules.*

Quel est l'usage des majuscules ? Les majuscules commencent chaque phrase, chaque vers et tous les noms propres. Exemples : *Moïse, Marie, la France, le Rhin, les Alpes, la mer Rouge.*

CHAPITRE III.
SUBSTANTIF.

Formation du pluriel dans les substantifs.

Comment forme-t-on généralement le pluriel des substantifs ? En ajoutant *s* à la fin. Exemples: la *loi*, les *lois*, le *temple*, les *temples.*

Les substantifs terminés au singulier par s, z, x, *comment font-ils au pluriel ?* Ils gardent ces mêmes lettres. Exemples : le *fils*, les *fils* ; le *nez*, les *nez* ; la *voix*, les *voix.*

Les substantifs terminés au singulier par au, eu, *comment font-ils au pluriel ?* Ils prennent un *x.* Exemples : le *bateau*, les *bateaux*, le *feu*, les *feux.*

Les substantifs terminés au singulier par ou, *comment font-ils au pluriel ?* Ils prennent une *s.* Exemples : le *bambou*, les *bambous* ; le *trou*, les *trous* ; le *filou*, les *filous* ; etc. ; excepté *chou, caillou, genou, hibou, pou,* qui prennent un *x* : les *choux*, les *cailloux*, les *genoux*, les *hiboux*, les *poux.*

Les substantifs terminés au singulier par al, *comment ont-ils leur pluriel ?* En *aux.* Exemples: le *mal*, les *maux* ; le *cheval*, les *chevaux* ; excepté *bal, cal, carnaval, pal, régal,* qui font *bals, cals,* etc.

Comment forme-t-on le pluriel des substantifs terminés au singulier par ail ? En y ajoutant une *s.* Exemples : Le *camail*, les *camails*; le *détail*, les *détails*; l'*éventail*, les *évantails*, etc. excepté *travail, corail, émail, bail*, qui font au pluriel *travaux, coraux, émaux, baux*; *travail* fait aussi au pluriel les *travails*, quand il désigne les machines où l'on ferre les chevaux, ou bien les comptes qu'un chef d'administration rend à un supérieur. On dit : ce commis a présenté aujourd'hui plusieurs *travails* au ministre. *Bercail* et *bétail* n'ont pas de pluriel, *bestiaux* n'a pas de singulier ; *ail*, espèce d'ognon, s'écrit au pluriel *aulx*.

Comment se terminent au pluriel les mots aïeul, ciel, œil ? Ils ont chacun deux pluriels , savoir : AIEUL fait *aïeux* quand il signifie *ancétres*, et *aïeuls* quand il désigne précisément le grand-père paternel et le grand-père maternel.

CIEL, fait au pluriel *ciels* dans les *ciels* de lit ou de tableau, les *ciels* de carrière et dans le sens de température. Dans tous les autres cas il fait *cieux.*

OEIL fait au pluriel *yeux.* On dit cependant des *œils*-de-bœuf (petite fenêtre ovale), des *œils-*de-perdrix (terme de broderie).

Comment se forme le pluriel des substantifs terminés au singulier par ant *ou* ent? Ils prennent une *s* en conservant ou en perdant le *t.* Ainsi on écrit également bien les *commencemens* et les *commencements*, les *enfans* et les *enfants* ;

mais les monosyllabes, excepté *gens*, conservent le *t*. On doit écrire des *gants*, des *dents*.

Dans quel cas les noms propres prennent-ils la marque du pluriel ? C'est lorsqu'ils sont employés comme noms communs, c'est-à-dire pour désigner des personnes semblables à celles dont on cite le nom. Ainsi on écrira avec la marque du pluriel : Un Auguste aisément peut faire des *Virgiles*, c'est-à-dire des poètes aussi habiles que Virgile. On écrira sans la marque du pluriel : les *Corneille* et les *Racine* ont illustré la scène française, parce que ces substantifs désignent les individus mêmes qui ont porté ces noms.

Qu'est-ce qu'un substantif composé ? C'est une expression formée de plusieurs mots liés par un trait d'union et qui équivalent à un seul substantif : tels sont les mots *garde-manger* et *petit-maître* qui éveillent à-peu-près la même idée que les mots *buffet* et *fat*.

Quelle règle générale doit-on suivre pour former le pluriel des substantifs composés ? On doit examiner la nature et le sens de chacun des mots partiels, ne mettre la marque du pluriel qu'aux substantifs et aux adjectifs, et les écrire à l'un ou à l'autre nombre suivant qu'il y a pluralité ou non dans l'idée. Ainsi on écrira :

1° Des *bouts-rimés* (des *bouts* qui sont *rimés*) et de même, des *plates-bandes*, des *arcs-boutants*, etc.

2° Des *terre-pleins* (des lieux *pleins* de *terre*).

3° Des *appuis-main* (des *appuis* pour la *main*).

4° Des *avant-coureurs* (des *coureurs* qui vont en *avant*).

5° Des *serre-téte* (des bonnets qui serrent la *téte*).

6° Un ou des *couvre-pieds* (couverture qui couvre les *pieds*).

7° Des *arcs-en-ciel* (des *arcs* dans le *ciel*) et de même des *chefs-d'œuvre*, des *eaux-de-vie*, etc.

8° Des *téte-à-téte* (des entretiens où l'on est *seul à seul*).

9° Des *laissez-passer*, des *passe-partout*.

CHAPITRE IV.
ADJECTIF.

§ I. *Formation du féminin dans les adjectifs.*

Comment se forme le féminin dans les adjectifs français ? Ceux qui sont terminés au masculin par un *e* muet ne changent pas ordinairement de terminaison au féminin, comme *habile*, *honnéte ;* cependant *maître* fait *maîtresse* au féminin, *prince* fait *princesse*, *prétre* fait *prétresse*, etc., les autres adjectifs prennent un *e* au féminin, comme *grand*, *charmant*, qui font *grande*, *charmante*.

Quels sont les adjectifs qui doublent au féminin leur consonne avec l'e muet ?

Ces adjectifs sont, 1° ceux qui sont terminés en *el* et en *eil*, comme *cruel*, *cruelle ; pareil*, *pareille*, etc.

2° Les adjectifs *gentil*, *nul*, *paysan*, qui font *gentille*, *nulle*, *paysanne*.

3° Les adjectifs terminés en *on* et en *ien*, comme *bon*, *bonne*; *ancien*, *ancienne*; *chrétien*, *chrétienne*, etc.

4° Les adjectifs terminés en *s* comme *épais*, *épaisse*; *gras*, *grasse*; *gros*, *grosse*, etc.; excepté *mauvais*, *niais*, *ras*, *frais*, *tiers*, qui font au féminin *mauvaise*, *niaise*, *rase*, *fraîche*, *tierce*.

5° Les adjectifs terminés en *et* et en *ot* comme *net*, *nette*; *muet*, *muette*; *sujet*, *sujette*; *sot*, *sotte*, etc., excepté *complet*, *concret*, *discret*, *inquiet*, *replet*, *secret*, *bigot*, *dévot*, *idiot*, qui font au féminin *complète*, *concrète*, *discrète*, *inquiète*, *replète*, *secrète*, *bigote*, *dévote*, *idiote*.

Les adjectifs terminés par **f**, *comment font-ils au féminin?* Ils changent *f* en *ve*. Exemples : *Vif*, *vive*; *bref*, *brève*; *naïf*, *naïve*; *neuf*, *neuve*.

Les adjectifs long *et* favori, *comment font-ils au féminin?* Ils font *longue* et *favorite*.

Les adjectifs terminés en **x**, *comment font-ils au féminin?* Ils changent *x* en *se*. Exemples : *dangereux*, *dangereuse*; *heureux*, *heureuse*; *jaloux*, *jalouse*; mais *doux* fait *douce*, *roux* fait *rousse*, *faux* fait *fausse*.

Les adjectifs beau, nouveau, fou, vieux *et* ce, *comment font-ils au féminin ?* Ils font *belle*, *nouvelle*, *folle*, *vieille* et *cette*; ils sont formés des masculins *bel*, *nouvel*, *fol*, *vieil* et *cet*, qu'on n'emploie qu'avant une voyelle ou une *h* muette : *bel* animal, *nouvel* honneur, *fol* espoir, *vieil* habit,

cet oiseau. Par analogie les adjectifs *mou* et *ju-
meau* font au féminin *molle* et *jumelle.*

*Quels sont les adjectifs qui ne s'emploient pas
au féminin?* Ce sont *châtain, dispos, fat, témoin.*

Les adjectifs en eur, *comment font-ils au féminin ?*

1° Plusieurs de ces noms n'ont pas de féminin :
tels sont *orateur, auteur, traducteur.*

2° Ceux qui sont formés d'un participe présent, par le changement de *ant* en *eur*, font *euse*
au féminin. Exemples dans*ant*, dans*eur*, dan-
s*euse*; parl*ant*, parl*eur*, parl*euse*; tromp*ant*,
tromp*eur*, tromp*euse*; chant*ant*, chant*eur*, chan-
t*euse.*

3° Les adjectifs terminés en *teur*, qui ne sont
pas formés d'un participe présent, par le changement de *ant* en *eur*, font leur féminin en *trice.*
Exemples : act*eur*, act*rice*; accusat*eur*, accusa*trice*;
bienfait*eur*, bienfai*trice*; institut*eur*, institu*trice*;
débit*eur*, débi*trice*, etc.

4° Ambassad*eur* fait ambassad*rice* ; emper*eur*,
impéra*trice* ; enchant*eur*, enchant*eresse*; veng*eur*,
veng*eresse* ; défend*eur*, défend*eresse* ; gouvern*eur*,
gouvern*ante* ; servit*eur*, serv*ante.*

5° Les adjectifs en *érieur*, et ceux qui, terminés en *eur*, expriment une comparaison, prennent un *e* muet. Exemples : ant*érieur*, ant*érieure*;
cit*érieur*, cit*érieure* ; sup*érieur*, sup*érieure* ; ma-
j*eur*, maj*eure* ; min*eur*, min*eure*; meill*eur*, meil-
l*eure.*

§ II. *Formation du pluriel dans les adjectifs.*

Comment forme-t-on le pluriel des adjectifs ? Comme le pluriel des substantifs, c'est-à-dire qu'on ajoute une *s* à la fin. Exemple : *Bon, bonne*, au pluriel *bons, bonnes.*

Les adjectifs terminés au singulier par s *ou* x, *comment font-ils au pluriel ?* Ils gardent ces mêmes lettres. Exemples : *Frais, soumis, gros, heureux, doux*, etc.

Les adjectifs terminés au singulier par eau, *comment font-ils au pluriel ?* Ils prennent une *x*. Exemple : *Nouveau, nouveaux.*

Bleu fait au pluriel *bleus.*

Les adjectifs masculins qui finissent en al *au singulier, comment font-ils au pluriel ?* Ils changent *al* en *aux*. Exemples : *Général, généraux ; égal, égaux ; moral, moraux*, etc. ; mais la plupart de ces adjectifs n'ont pas de pluriel, tels sont *austral, boréal, conjugal ; fatal, final, frugal, jovial, littéral, naval, pascal, pastoral, trivial, vénal.*

Les adjectifs terminés en ent *ou en* ant, *comment forment-ils leur pluriel ?* Ils prennent une *s* à la fin en perdant ou en conservant le *t*. Ainsi on écrit également au pluriel : Des hommes *prudents* ou *prudens* ; des jeux *bruyants* ou *bruyans*, etc. Les monosyllabes seuls, excepté l'adjectif *tout*, doivent conserver le *t*. Ainsi on dira : Des hommes *lents* et non pas *lens.*

Quels sont les adjectifs numéraux qui chan-

gent de genre et de nombre ? Parmi les nombres ordinaux, *premier*, *second* prennent un *e* au féminin, et tous les nombres ordinaux, en général, prennent une *s* au pluriel. Parmi les nombres cardinaux *un* fait au féminin *une* ; *cent* prend une *s* lorsqu'il exprime plus d'un cent et qu'il n'est pas suivi d'un nom de nombre : on écrit *cent* ans et *deux cents* ans ; mais on l'écrit sans *s* lorsqu'il est suivi d'un nom de nombre, comme *deux cent trente ans*, *quatre cent cinquante hommes ;* *vingt* prend une *s* lorsqu'il est précédé de quatre et qu'il n'est pas suivi d'un nombre : on écrit *quatre-vingts* ans, et *quatre-vingt-cinq* ans : les autres noms de nombre sont indéclinables.

Lorsque les nombres vingt *et* cent *sont précédés d'un nom de nombre et qu'ils ne sont suivis ni d'un substantif ni d'un adjectif sont-ils déclinables ?* Ils sont indéclinables s'ils sont pris comme nombres ordinaux, exemple : Charlemagne fut élu empereur en l'an *huit cent*, c'est-à-dire *huit centième* ; ils sont déclinables quand on peut sous-entendre après eux un substantif, exemple : Nous étions près de *deux cents* à table (deux cents personnes).

De combien de manières écrit-on mille ? De trois manières : *mil* dans la supputation des années, exemple : Les Croisés prirent Jérusalem en l'an *mil* quatre-vingt-dix-neuf ; *mille* pour exprimer le nombre dix fois cent, exemple : Salomon avait dans ses écuries quarante *mille* chevaux d'attelage ; *mille* avec un *s* au pluriel lorsqu'il est pris substantivement pour exprimer une mesure itinéraire , exemple : Deux *milles* font environ une lieue.

§ III. *Accord des adjectifs.*

Comment l'adjectif s'accorde-t-il avec le substantif ? Tout adjectif doit être du même genre et du même nombre que le substantif ou le pronom auquel il se rapporte. Exemple : Le *bon papier*, la *bonne plume*, les *bons papiers*, les *bonnes plumes.*

Quand un adjectif se rapporte à deux noms singuliers, à quel nombre doit-il être lui-même ? Au pluriel. Exemple : Le riche et le pauvre sont *égaux* devant Dieu, et non pas *égal*, parce que le riche et le pauvre font deux.

L'adjectif qui se rapporte à deux noms dont l'un est masculin et l'autre féminin, de quel genre doit-il être ? Du masculin. Exemple : Cette rose et cet œillet sont *beaux*, et non pas *belles.*

L'adjectif demi *ne devient-il pas quelquefois indéclinable ?* Il ne change pas quand il est avant le substantif; mais quand il est après, il en prend seulement le genre ; ainsi on dit : Une *demi*-heure et une heure et *demie* ; une *demi*-livre, deux livres et *demie.* Quand *demi* est employé substantivement, il prend la marque du pluriel. Exemple : Cette pendule sonne les *demies.*

Dans quelle circonstance l'adjectif tout *, quoique pris adverbialement, est-il déclinable ?* C'est lorsqu'il est suivi d'un adjectif féminin qui commence par une consonne ou une *h* aspirée. Exemples : Elle est *toute contrefaite*, *toute honteuse* ; *tout ingrate* et *toute méchante* qu'elle est, son sort fait pitié ; ces hardes *tout usées* et *toutes vieilles* qu'elles sont, pourront servir.

Comment écrit-on l'adjectif quelque ? On l'écrit en un seul mot ou en deux mots.

1° On l'écrit en un seul mot, lorsqu'il est suivi d'un substantif seul ou d'un substantif, précédé d'un adjectif. Dans ce cas il s'accorde en nombre avec le substantif. Exemple : *Quelques richesses que* vous ayez, de *quelques grands avantages que* vous jouissiez *:* vous ne serez jamais estimé si vous n'êtes vertueux.

Il s'écrit encore en un seul mot lorsqu'il est suivi d'un adjectif seul ou d'un adverbe. Dans ce cas il reste invariable. Exemple : *Quelqu'habiles*, *quelque profondément instruits que* nous soyons, ne faisons jamais un vain étalage de notre science.

2° *Quelque* s'écrit en deux mots quand il est suivi d'un verbe, et dans ce cas le mot *quel* est adjectif et s'accorde en genre et en nombre avec le substantif qui suit le verbe. Exemple : *Quels que soient* ses talens, *quelles que soient* ses richesses, il ne doit pas mépriser les autres.

CHAPITRE V.

PRONOM.

Le pronom personnel vous, *employé pour* tu, *est-il singulier ou pluriel?* Il veut le verbe au pluriel, mais l'adjectif qui s'y rapporte reste au singulier. Exemple : *Vous* êtes *bon* et non pas *bons*.

Dans quel cas les pronoms possessifs notre *et* votre *prennent-ils un accent circonflexe?* C'est lorsqu'ils sont possessifs substantifs : on écrit le *nôtre*, le *vôtre*. Ils ne prennent point d'accent quand ils sont possessifs adjectifs : on écrit *notre* père, *votre* ami.

Comment écrit-on le pronom leur ? Lorsqu'il est personnel, il ne prend point d'*s*. Je *leur* écris. Il est alors suivi d'un verbe. Lorsqu'il est pronom possessif il ne prend une *s* que s'il est suivi d'un substantif pluriel.

Ex. : Ils ont perdu *leur* fortune et *leurs* amis.

Les pronoms mon, ton, son *ne s'emploient-ils pas quelquefois au féminin?* Oui, c'est lorsqu'ils sont avant une voyelle ou une *h* muette. On dit *mon épée*, et non pas *ma épée; ton âme*, et non pas *ta âme; son humeur*, et non pas *sa humeur.*

Le pronom relatif qui, *de quelle personne est-il?* Il est toujours de la même personne que son *antécédent.* Ainsi on dira : *Moi qui suis*, et non pas *moi qui est.*

CHAPITRE VI.
VERBE PERSONNEL.

§ I. *Orthographe des verbes personnels.*

Première personne du singulier.

Comment se termine la première personne du singulier des verbes ? Elle se termine par *e* muet, par *x*, par *s* et par *ai*.

Elle se termine par E muet 1° au présent de l'indicatif des verbes de la première conjugaison et de quelques irréguliers de la deuxième. Exemples : J'aim*e*, j'ouvr*e*, je couvr*e*, je cueill*e*, je souffr*e*, je tressaill*e*, etc.

2° Au présent du subjonctif de tous les verbes. Exemple : Que j'aim*e*, que je finiss*e*, que je reçoiv*e*, que je rend*e* (excepté le verbe *être*, que je *sois*).

3° A l'imparfait du subjonctif de tous les verbes. Exemples : Que j'aimass*e*, que je finiss*e*, que je reçuss*e*, que je rendiss*e*.

Lorsque la première personne qui se termine en *e* est suivie du pronom *je*, l'*e* prend un accent aigu et l'on met un trait d'union entre le verbe et le pronom. Exemples : Aim*é*-je, off*ré*-je, souff*ré*-je, au présent de l'indicatif; puiss*é*-je, au présent du subjonctif, euss*é*-je fuss*é*-je, duss*é*-je, à l'imparfait du subjonctif.

Elle se termine par X au présent de l'indicatif des verbes *vouloir*, *pouvoir* et *valoir*. Je veu*x*, je peu*x*, je vau*x*.

Elle se termine par S 1° au présent de l'indicatif des verbes de la deuxième, de la troisième et de la quatrième conjugaison. Exemples : Je fini*s*, je reçoi*s*, je rend*s*.

2° A l'imparfait de l'indicatif de tous les verbes. Exemples : j'aimai*s*, je finissai*s*, je recevai*s*, je rendai*s*.

3° Au passé défini des verbes de la deuxième, de la troisième et de la quatrième conjugaison. Exemples : Je fini*s*, je reçu*s*, je rendi*s*.

4° Au présent du subjonctif du verbe *être*, que je soi*s*.

5° Au présent du conditionnel de tous les verbes. Exemples : J'aimerai*s*, je finirai*s*, je recevrai*s*, je rendrai*s*.

Elle se termine par AI 1° au présent de l'indicatif du verbe *avoir* : Exemple : j'*ai*.

2° Au passé défini des verbes de la première conjugaison. Exemple : j'aim*ai*.

3° Au futur de tous les verbes. Exemples : j'aim*ai*, je finir*ai*, je recevr*ai*, je rendr*ai*.

Deuxième personne du singulier.

Comment se termine la deuxième personne du singulier des verbes ? Elle se termine ordinairement par S. Exemples : Tu aime*s*, tu finissai*s*, que tu reçusse*s*, tu rendrai*s*, etc., excepté quand elle est terminée en *x*, en *c*, en *a*.

Elle se termine par X au présent de l'indicatif des verbes *vouloir*, *pouvoir* et *valoir* : Tu veu*x*, tu peu*x*, tu vau*x*.

Elle se termine en E muet au présent de l'impératif du verbe *avoir* et des verbes de la première conjugaison et de quelques irréguliers de la deuxième. Exemples : ai*e*, aim*e*, goût*e*, offr*e*, cueill*e*, souffl*e*, tressaill*e*. Cependant ces impératifs prennent une *s* , lorsqu'ils sont suivis du pronom *y* ou *en*. Exemples : Aie*s*-en soin, goûte*s*-y, offre*s*-en, etc.

L'impératif du verbe *aller*, *va*, se termine en A ; mais il prend une *s* quand il est suivi du pronom *y* ou *en*. Exemples : Va*s*-y, va*s*-en porter. Cependant on écrit v*a*-y voir.

Troisième personne du singulier.

Comment se termine la troisième personne du singulier des verbes ? Elle finit ordinairement par T. Exemple : il fini*t*, il aimai*t*, qu'il reçû*t*, il rendrai*t*, excepté quand elle est terminée en *e*, en *a*, en *c*, en *d*.

Elle se termine par E muet, 1° au présent de l'indicatif des verbes de la première conjugaison et de quelques irréguliers de la deuxième. Ex. : il aim*e*, il offr*e*, il couvr*e*, il souffr*e*, il tressaill*e*, etc.

2° Au présent de l'impératif et du subjonctif de tous les verbes. Ex. : qu'il aim*e*, qu'il finiss*e*, qu'il reçoiv*e*, qu'il rend*e*, excepté les verbes *être* et *avoir* : qu'il soi*t*, qu'il ai*t*.

Elle se termine par A 1° au présent de l'indicatif du verbe *avoir* et du verbe *aller*. Ex. il *a*, il *va*.

9

2° Au passé défini des verbes de la première conjugaison. Exemple : il aima.

3° Au futur de tous les verbes. Exemples : il aimera, il finira, il recevra, il rendra.

Lorsque la troisième personne du singulier des verbes est terminée en *e* ou en *a* et qu'elle est suivie des pronoms *il, elle, on,* il faut y ajouter un *t* entre deux traits d'union, pour empêcher la rencontre des deux voyelles. Exemples : Aime-t-il, ira-t-elle, chantera-t-on.

Elle se termine par C au présent de l'indicatif des verbes *vaincre* et *convaincre* : il vainc, il convainc.

Elle se termine par D 1° au présent de l'indicatif des verbes *seoir* et *s'asseoir* : il sied, il s'assied.

2° Au présent de l'indicatif des verbes dont les infinitifs se terminent en *dre,* comme *attendre, fondre, mordre, moudre, coudre.* Ex. : il attend, il fond, il mord, il moud, il coud ; mais les verbes composés de *soudre* comme *absoudre, dissoudre, résoudre,* et ceux qui se terminent en *aindre, eindre, oindre,* comme *craindre, peindre, joindre,* suivent la règle générale, ont un *t,* et l'on écrit : il absout, il dissout, il résout, il craint, il peint, il joint.

Première personne du pluriel.

Comment se termine la première personne du pluriel des verbes ? Elle finit ordinairement par ONS. Ex. : nous aimons, nous finissions, que nous reçussions, nous rendrions.

Elle se termine en MES 1° Au présent de l'indicatif du verbe *être* : nous som*mes*.

2° Au passé défini de tous les verbes. Ex. : nous eû*mes*, nous fû*mes*, nous aimâ*mes*, nous finî*mes*, nous reçû*mes*, nous rendî*mes*.

Deuxième personne du pluriel.

Comment se termine la deuxième personne du pluriel des verbes ? Elle finit ordinairement par EZ. Ex. : vous aim*ez*, vous recev*iez*, que vous reçuss*iez*, vous rendr*iez*.

Elle se termine et TES 1° Au présent de l'indicatif des verbes *être*, *dire*, *redire*, *faire* et des composés de *faire*. Ex. , vous ê*tes*, vous di*tes* , vous redi*tes*, vous fai*tes*, vous refai*tes*, vous contrefai*tes*.

2° Au passé défini de tous les verbes. Exemples : vous fû*tes*, vous eû*tes* , vous aimâ*tes*, vous finî*tes*, vous reçû*tes*, vous rendî*tes*.

Troisième personne du pluriel.

Comment se termine la troisième personne du pluriel des verbes ? Elle finit par NT. Ex. : ils aim*ent*, ils finissaie*nt*, ils recevro*nt*, ils rendraie*nt*, etc.

§ II. *Inflexions primitives des verbes.*

Qu'est-ce que les inflexions primitives des verbes ? Ce sont celles qui servent à former les différens temps simples des verbes. Il y en a cinq , qui sont : 1° Le *présent de l'indicatif*, 2° le *passé défini*, 3° l'*infinitif*, 4° le *participe actif*, 5° le *participe passé.*

Tableau des inflexions primitives.

Présent de l'indicatif.	Passé défini.	Infinitif présent.	Participe actif.	Participe passé.
J'aime.	J'aimai.	Aimer.	Aimant.	Aimé.
Je finis.	Je finis.	Finir.	Finissant.	Fini.
Je sens.	Je sentis.	Sentir.	Sentant.	Senti.
J'ouvre.	J'ouvris.	Ouvrir.	Ouvrant.	Ouvert.
Je tiens.	Je tins.	Tenir.	Tenant.	Tenu.
Je reçois.	Je reçus.	Recevoir.	Recevant.	Reçu.
Je rends.	Je rendis.	Rendre.	Rendant.	Rendu.
Je plais.	Je plus.	Plaire.	Plaisant.	Plu.
Je parais.	Je parus.	Paraître.	Paraissant.	Paru.
Je réduis.	Je réduisis.	Réduire.	Réduisant.	Réduit.
Je plains.	Je plaignis.	Plaindre.	Plaignant.	Plaint.

Que forme-t-on du PRÉSENT DE L'INDICATIF ? On en forme LA SECONDE PERSONNE DU SINGULIER DE L'IMPÉRATIF, en otant seulement le pronom *je* : *J'*aime, aime.

Exceptions.

Je suis, sois.	Je vais, va.
J'ai, aie.	Je sais, sache.

Quel temps forme-t-on du PASSÉ DÉFINI ? On en forme L'IMPARFAIT DU SUBJONCTIF en changeant *ai* en *asse* pour la première conjugaison, et en ajoutant seulement *se* pour les trois autres. Exemples : J'aim*ai*, que j'aim*asse* ; je finis, que je fi-niss*e* ; je reçus, que je reçu*sse*, je rendis, que je rendi*sse.*

Quels temps forme-t-on de L'INFINITIF PRÉ-
SENT? On en forme LE FUTUR en changeant *r*,
oir ou *re* en *rai*, et LE CONDITIONNEL PRÉSENT en
changeant *r*, *oir* ou *re* en *rais*. Ex. : Aimer, j'aime*rai*, j'aime*rais* ; agréer , j'agrée*rai*, j'agrée-
rais ; louer , je loue*rai*, je loue*rais* ; finir , je fini*rai*, je fini*rais* ; recevoir, je recev*rai*, je rece-
vrais ; rend*re*, je rend*rai*, je rend*rais*.

Exceptions.

Première Conjugaison.
Aller , j'irai.
Envoyer , j'enverrai.
   Deuxième Conjugaison.
Tenir, je tiendrai.
Venir, je viendrai.
Courir, je courrai.
Cueillir , je cueillerai.
Mourir, je mourrai.
Acquérir, j'acquerrai.
Saillir , il saillera.
   Troisième Conjugaison.
Avoir , j'aurai.
Echoir, j'écherrai.

Pouvoir , je pourrai.
Savoir , je saurai.
S'asseoir , je m'asseyerai *ou*
   je m'assiérai.
Voir , je verrai.
Prévoir , je prévoirai.
Vouloir, je voudrai.
Valoir , je vaudrai.
Pourvoir , je pourvoirai.
Falloir , il faudra.
   Quatrième Conjugaison.
Faire , je ferai.
Etre , je serai.
Bruire n'a pas de futur.

Le conditionnel présent est invariablement
formé du futur.

Quels temps forme-t-on du PARTICIPE PRÉ-
SENT ? On en forma 1° LES TROIS PERSONNES PLU-
RIELLES DU PRÉSENT DE L'INDICATIF en changeant
ant en *ons*, *ez*, *ent*. Ex. : Aim*ant*, nous aim*ons*,
vous aim*ez*, ils aim*ent* ; finiss*ant*, nous finiss*ons*,
vous finiss*ez*, ils finiss*ent*.

9.

I

Exceptions.

Etant, nous sommes.
    vous êtes.
    ils sont.
Ayant, nous avons.
    vous avez.
    ils ont.
Tenant, ils tiennent.
Venant, ils viennent.
Acquérant, ils acquièrent.
Mourant, ils meurent.
Mouvant, ils meuvent.

Pouvant, ils peuvent.
Voulant, ils veulent.
Sachant, nous savons.
    vous savez.
    ils savent.
Prenant, ils prennent.
Buvant, ils boivent.
Disant, vous dites.
Faisant, vous faites.
    ils font.

(De la première et de la seconde personne du présent de l'indicatif se forment les personnes correspondantes de l'impératif en ôtant seulement les pronoms *nous* et *vous*. Ex.: nous venons vous venez, venons, venez. Excepté nous sommes, vous êtes, soyons, soyez; nous avons, vous avez, ayons, ayez).

2° L'IMPARFAIT DE L'INDICATIF en changeant *ant* en *ait, ais, ait, ions, iez, aient*. Ex. : aim*ant*, j'aim*ais*, tu aim*ais*, etc. ; pay*ant* ; je pay*ais*, tu pay*ais*, il pay*ait*, nous pay*ions*, vous pay*iez*, ils pay*aient* ; priant, je priais, tu priais, il priait, nous prions, vous priiez, ils priaient.

Exceptions.

Ayant, j'avais.
    tu avais, etc.

Sachant, je savais.
    tu savais, etc.

3° LE PRÉSENT DU SUBJONCTIF en changeant *ant* en *e, es, e, ions, iez, ent*. Ex. : aim*ant*, que

j'aim*e*, que tu aim*es*, qu'il aim*e*, que nous ai-
m*ions*, que vous aim*iez*, qu'ils aim*ent; r*iant*, que
je ri*e*, que tu ri*es*, qu'il ri*e*, que nous ri*ions* que
vous ri*iez*, qu'ils ri*ent*.

Exceptions.

Première Conjugaison.
Allant, que j'aille,
      que tu ailles,
      qu'il aille,
      qu'ils aillent.
Deuxième Conjugaison.
Tenant, que je tienne,
      que tu tiennes,
      qu'il tienne,
      qu'ils tiennent.
Venant, que je vienne,
      que tu viennes,
      qu'il vienne,
      qu'ils viennent.
Acquérant, que j'acquière,
      que tu acquières,
      qu'il acquière,
      qu'ils acquièrent.
Mourant, que je meure,
      que tu meures,
      qu'il meure,
      qu'ils meurent.
Troisième Conjugaison.
Recevoir et tous les verbes
   terminés en *evoir*.
      que je reçoive,
      que tu reçoives,
      qu'il reçoive,

qu'ils reçoivent.
Pouvant, que je puisse, etc.
      q. n. puissions, etc.
Valant, que je vaille,
      que tu vailles,
      qu'il vaille,
      qu'ils vaillent.
Voulant, que je veuille,
      que tu veuilles,
      qu'il veuille,
      qu'ils veuillent.
Mouvant, que je meuve,
      que tu meuves,
      qu'il meuve,
      qu'ils meuvent.
Quatrième Conjugaison.
Prenant, q. je prenne,
      q. tu prennes,
      qu'il prenne,
      qu'ils prennent.
Buvant, que je boive,
      que tu boives,
      qu'il boive,
      qu'ils boivent.
Faisant, que je fasse, etc.
      q. n. fassions, etc.
Etant, que je sois, etc.
      q. n. soyons, etc.

Il résulte des règles précédentes que dans les verbes dont le participe présent est terminé en *yant* ou en *iant*, la première et la deuxième personne plurielles de l'imparfait de l'indicatif et du présent du subjonctif doivent se terminer en *yions*, *yiez* ou en *iions*, *iiez*; pa*yant*, nous pa*yions*; pri*ant*, que vous pri*iez*.

Les troisièmes personnes de l'impératif sont toujours semblables à celles du présent du subjonctif.

Quels temps forme-t-on du PARTICIPE PASSÉ ? On en forme TOUS LES TEMPS COMPOSÉS des verbes en y joignant les auxiliaires *avoir* et *être*.

§ III. *Verbes irréguliers et défectueux.*

Qu'est-ce que les verbes irréguliers ? Ce sont ceux qui ne suivent pas toujours la règle générale des conjugaisons. Ex. : *Aller, cueillir, voir, faire.*

Pourquoi ces verbes sont-ils irréguliers ? Parce qu'ils ne se conjuguent pas selon la formation des temps. Ainsi *aller* qui devrait faire au futur *j'allerai*, fait *j'irai.*

Qu'est-ce que les verbes défectueux ? Ce sont ceux qui manquent de quelques-unes de leurs inflexions. Ainsi, *faillir* est défectueux, parce qu'il n'a ni présent de l'indicatif ni participe présent. Lorsqu'un temps primitif manque, les temps qui en dérivent manquent également. Ainsi *clore* n'ayant pas de passé défini n'a pas d'imparfait du subjonctif. Cependant quoique *falloir* n'ait pas de participe présent, on dit à l'imparfait, il *fallait*, et au subjonctif présent *qu'il faille.*

Inflexions primitives des verbes irréguliers.

Présent de l'indicatif.	Passé défini.	Infinitif présent.	Participe actif prés.	Participe passé.
		PREMIÈRE CONJUGAISON.		
Je vais.	J'allai.	Aller.	Allant.	Allé.
J'envoie.	J'envoyai.	Envoyer.	Envoyant.	Envoyé.
		DEUXIÈME CONJUGAISON.		
Je bous.	Je bouillis.	Bouillir.	Bouillant.	Bouilli.
Je cours.	Je courus.	Courir.	Courant.	Couru.
Je cueille.	Je cueillis.	Cueillir.	Cueillant.	Cueilli.
Je fuis.	Je fuis.	Fuir.	Fuyant.	Fui.
Je meurs.	Je mourus.	Mourir.	Mourant.	Mort.
	Je faillis.	Faillir.		Failli.
	J'ouïs.	Ouïr.		Ouï.
J'acquiers.	J'acquis.	Acquérir.	Acquérant.	Acquis.
Il saille.		Saillir.	Saillant.	Sailli.
Je tressaille.	Je tressaillis.	Tressaillir.	Tressaillant.	Tressailli.
Je vêts.	Je vêtis.	Vêtir.	Vêtant.	Vêtu.
		TROISIÈME CONJUGAISON.		
		Choir.		Chu.
Je déchois.	Je déchus.	Déchoir.		Déchu.
Il échet.	J'échus.	Echoir.	Echéant.	Echu.
Il faut.	Il fallut.	Falloir.		Fallu.
Je meus.	Je mus.	Mouvoir.	Mouvant.	Mu.
Il pleut.	Il plut.	Pleuvoir.	Pleuvant.	Plu.
Je puis.	Je pus.	Pouvoir.	Pouvant.	Pu.
Je sais.	Je sus.	Savoir.	Sachant.	Su.
Je m'assieds.	Je m'assis.	S'asseoir.	S'asseyant.	Assis.
Je surseois.	Je sursis.	Surseoir.		Sursis.
Je vaux.	Je valus.	Valoir.	Valant.	Valu.
Je vois.	Je vis.	Voir.	Voyant.	Vu.
Je pourvois.	Je pourvus.	Pourvoir.	Pourvoyant.	Pourvu.
Je veux.	Je voulus.	Vouloir.	Voulant.	Voulu.
		QUATRIÈME CONJUGAISON.		
Je bats.	Je battis.	Battre.	Battant.	Battu.
Je bois.	Je bus.	Boire.	Buvant.	Bu.
Il brait.		Braire.		
		Bruire.	Bruyant.	
Je circoncis.	Je circoncis.	Circoncire		Circoncis.
Je clos.		Clore.		Clos.
Je conclus.	Je conclus.	Conclure.	Concluant.	Conclu.
Je confis.	Je confis.	Confire.		Confit.

Présent de l'indicatif.	Passé défini.	Infinitif présent.	Participe actif passé.	Participe passé.

Suite de la quatrième conjugaison.

Présent de l'indicatif.	Passé défini.	Infinitif présent.	Participe actif passé.	Participe passé.
Je couds.	Je cousis.	Coudre.	Cousant.	Cousu.
Je crois.	Je crus.	Croire.	Croyant.	Cru.
Je dis.	Je dis.	Dire.	Disant.	Dit.
Je maudis.	Je maudis.	Maudire.	Maudissant.	Maudit.
J'écris.	J'écrivis.	Écrire.	Écrivant.	Écrit.
J'exclus.	J'exclus.	Exclure.	Excluant.	Exclu.
Je fais.	Je fis.	Faire.	Faisant.	Fait.
Je prends.	Je pris.	Prendre.	Prenant.	Pris.
Je lis.	Je lus.	Lire.	Lisant.	Lu.
Je luis.		Luire.	Luisant.	Lui.
Je mets	Je mis.	Mettre.	Mettant.	Mis.
Je mouds.	Je moulus.	Moudre.	Moulant.	Moulu.
Je nais.	Je naquis.	Naître.	Naissant.	Né.
Je nuis.	Je nuisis.	Nuire.	Nuisant.	Nui.
Je pais.		Paître.	Paissant.	
Je ris.	Je ris.	Rire.	Riant.	Ri.
Je romps.	Je rompis.	Rompre.	Rompant.	Rompu.
J'absous.		Absoudre.	Absolvant.	Absous, oute.
Je résous.	Je résolus.	Résoudre.	Résolvant.	Résous, olu.
Je suffis.	Je suffis.	Suffire.	Suffisant.	Suffi.
Je suis.	Je suivis.	Suivre.	Suivant.	Suivi.
Je trais.		Traire.	Trayant.	Trait.
Je vaincs.	Je vainquis.	Vaincre.	Vainquant.	Vaincu.
Je vis.	Je vécus.	Vivre.	Vivant.	Vécu.

Nota. Les verbes *composés* suivent la conjugaison de leurs *simples* : ainsi *promettre*, *renvoyer*, *découdre*, etc., se conjuguent comme *mettre*, *envoyer*, *coudre*.

§ IV. *Observations sur quelques verbes irréguliers.*

Qu'y a-t-il à remarquer sur les verbes terminés en yer *et en* ger *à l'infinitif ?* Dans les verbes terminés en *yer* à l'infinitif, l'*y* grec se change en *i* toutes les fois que la lettre suivante est un *e* muet. Exemples : nett*oyer*, je nett*oie* ; p*ayer*, je p*aierai* ; essu*yer*, que j'essu*ie*.

Dans ceux qui sont terminés en *ger*, lorsque le *g* se trouve avant un *a* ou un *o*, on met un *e* avant ces voyelles pour conserver au *g* la prononciation du *j*. Exemples : nous mang*e*ons, vous mang*e*âtes.

Qu'y a-t-il à remarquer sur les verbes terminés en eler, eter, éler, éter *à l'infinitif?* Les verbes terminés à l'infinitif en *eler, eter*, doublent la consonne *l* ou *t*, toutes les fois que cette lettre est suivie d'un *e* muet. Ex. : App*eler*, j'app*elle*, j'app*el-lerai*; j*eter*, que je j*ette*, je j*ett*erais; cette règle ne s'applique pas aux verbes terminés en *éler, éter*, dans lesquels on change l'*é* fermé en *è* ouvert, au lieu de doubler la consonne *l* ou *t*. Exemples : déc*éler*, je déc*èle*; empi*éter*, que j'empi*ète*.

Comment conjugue-t-on le verbe s'en aller ? Comme le verbe *aller* : aux temps composés, on dit : *Je m'en suis allé, je m'en étais allé*. A l'impératif, on dit : *Va-t'en*, et non *va-t-en;* le *t* n'est point une lettre euphonique comme dans *va-t-il*, c'est le singulier du pronon *vous ;* au pluriel on dirait : *Allez-vous-en.*

§ V. *Accord du verbe avec son sujet.*

Comment le verbe personnel doit-il s'accorder avec son sujet? En nombre et en personne : c'est-à-dire qu'il doit être du même nombre et de la même personne que son nominatif. Dans cette phrase *je parlerai, parlerai* est du nombre singulier, et de la première personne, parce que *je*, son nominatif, est du singulier et de la première personne.

Pourquoi cette phrase : c'est moi qui a fait cela serait-elle contre la syntaxe ? C'est parce qu'il n'y aurait pas d'accord de personne entre le verbe *a fait* et le nominatif *qui,* celui-ci est à la première personne ayant pour antécédent *moi,* et le verbe est à la troisième.

Quand un verbe a deux nominatifs singuliers, à quel nombre doit-il être ? Au pluriel. Ex. : *le cerfeuil et la ciguë se ressemblent à la première vue.*

Quand les deux nominatifs sont de différentes personnes, à quelle personne doit être le verbe ? A la personne qui a la priorité ; la première a la priorité sur la deuxième, la deuxième sur la troisième. Exemples : *Vous et moi nous sortirons ; vous et lui vous viendrez me voir.* (La politesse veut qu'on nomme d'abord la personne à qui l'on parle, et qu'on se nomme le dernier.)

Le pronom ce *devant le verbe* être *veut-il toujours ce verbe au singulier ?* Non, il veut que ce verbe étant suivi d'un substantif pluriel ou d'un pronom pluriel de troisième personne soit aussi au pluriel : ainsi on dit, c'est *moi,* c'est *toi,* c'est *lui* ; mais il faut dire, ce sont *eux,* ce sont *elles,* ce sont *les hommes* qui, etc.

§ VI. *Régime des verbes.*

Qu'est-ce que les régimes d'un verbe ? Ce sont

les différens noms qui dépendent du verbe, et qui en complètent la signification.

Combien d'espèces de régime y a-t-il? Il y en a deux : le *régime direct* ou l'accusatif, qui dépend toujours du verbe sans l'intermédiaire d'une pré-position, et le régime *indirect*, qui en dépend par le moyen d'une préposition.

Dans cette phrase : Dieu donna sa loi à Moïse, *quels sont les régimes du verbe* donna ? *Sa loi* est le régime direct, et *à Moïse* est le régime indirect.

Combien de régimes peuvent avoir les verbes actifs ? Ils peuvent toujours avoir un *régime direct* et la plupart un *régime indirect*. Exemples : *Noé planta la vigne.* Louis XIV *accorda sa protection aux savans.*

Quel régime demandent les verbes passifs? Les verbes passifs demandent un régime indirect, qui est toujours précédé de *de* ou de *par.* Exemples : l'honnête homme *est estimé* de *tout le monde,* l'imprimerie *fut inventée* par *Guttemberg* de Mayence.

Quel régime ont les verbes neutres ? Il y en a qui n'ont aucun régime, comme *languir, dormir;* les autres ne peuvent avoir qu'un régime indirect, comme *parler à quelqu'un, sortir de la ville.*

Plusieurs verbes peuvent-ils avoir un seul nom pour régime ? Oui, pourvu que ces verbes soient de la même nature, et qu'ils demandent le même régime ; on dira : Scipion *assiégea et prit Carthage,* parce que les deux verbes *assiéger* et *prendre* régissent l'accusatif ; mais on ne dira pas :

Scipion *assiégea et s'empara de Carthage*, parce que le verbe *assiéger* ne peut régir le régime indirect *de Carthage* ; il faut dire : Scipion *assiégea Carthage et s'en empara*.

§ VII. *Emploi du subjonctif.*

Dans quel cas faut-il employer le mode subjonctif ? On emploie le subjonctif 1° après un verbe qui exprime le commandement, le doute, le désir, la crainte, etc. Exemples :

Je veux
Je doute   }   *qu'il parte.*
Je desire

2° Après un verbe unipersonnel ou employé unipersonnellement. Exemples :

Il faut
Il convient   }   *qu'il parte.*
Il importe

3° Après un verbe qui exprime l'interrogation ou qui est accompagné d'une négation. Exemples :

Croyez-vous   }   *qu'il parte.*
Je ne crois pas

4° Après un pronom relatif, précédé de *le seul*, de *peu de*, ou d'un *superlatif relatif.* Exemples :

Il est LE SEUL *qui parte* ;
Il y a PEU D'hommes *qui sachent* écouter ;
C'est LA MEILLEURE excuse *qu'il puisse* donner.

5° Après un pronom relatif, pour exprimer une action douteuse, incertaine. Exemples : Je cherche un ami *qui me conduise*, j'habiterai une retraite *où je sois tranquille*.

6° Après *quelque..que, quelque, quoique, quoi que*, et un grand nombre d'autres conjonctions, comme *afin que, à moins que, avant que, bien que, de peur que, jusqu'à ce que, pour peu, pourvu que, soit que*, etc., etc. Exemples : *quelque* savant *qu'il soit*, il n'a pu résoudre ma question. *Quel que soit* son talent, il ne parviendra pas à cette place. Je l'excuse *quoiqu'il soit coupable*. Il ne parviendra pas à son but *quoiqu'il fasse*. Donnez une bonne éducation à vos enfans, afin *qu'ils puissent* un jour être utiles à la patrie.

Dans quel cas faut-il employer le présent et le parfait du subjonctif ? Après le présent et le futur de l'indicatif on emploie le présent du subjonctif pour marquer une action présente ou future, et le parfait pour marquer une action passée. Exemples :

Je doute Je douterai	qu'il *vienne aujourd'hui* ou *demain*.
Je doute Je douterai	qu'il *soit venu hier*.

Dans quel cas faut-il employer l'imparfait et le plusque-parfait du subjonctif ? Après tous les temps passés et les conditionnels on emploie l'imparfait du subjonctif, quand on veut exprimer un présent ou un futur, et le plusque-parfait quand on veut exprimer un passé. Exemples :

Il fallait
Il fallut
Il a fallu
Il avait fallu
Il eût fallu.
Il faudrait.
Il aurait fallu.

-que *vous partissiez aujourd'hui* ou *demain*,
ou que *vous fussiez parti hier.*

CHAPITRE VII.

PARTICIPES.

Quelle différence y a-t-il entre un participe actif et un adjectif verbal terminé en ant ? Le participe actif exprime l'action et a quelquefois un régime soit direct, soit indirect; l'adjectif verbal exprime la qualité et ne peut jamais avoir de régime direct. Exemple : c'est un homme *obligeant*, *cherchant* toujours l'occasion de rendre service. *Cherchant* est un participe actif, parce qu'il exprime une action et qu'il a un régime direct; *obligeant* est un adjectif verbal parce qu'il marque la qualité et qu'il n'a pas de régime direct.

Le participe actif et l'adjectif verbal sont-ils tous les deux déclinables ? Le participe actif est toujours invariable, l'adjectif verbal prend le genre et le nombre du substantif auquel il se rapporte. Exemples :

Participe invariable.	*Adjectif verbal.*
Les enfans, *parlant* sans ré-flexion , disent souvent des sottises.	Un tableau *parlant.* Une figure *parlante.* Des tableaux *parlans*, etc.
Les enfans, *obéissant* à leurs parens, remplissent un devoir sacré.	L'éducation les a rendus doux , soumis, *obéissans* à leurs parens.

Le participe passé ou passif est-il déclinable ? 1º Lorsqu'il n'est accompagné d'aucun auxiliaire et qu'il n'a pas de régime , il est regardé comme un adjectif et il s'accorde en genre et en nombre avec le nom auquel il se rapporte. Exemples : un rempart *détruit*, une ville *détruite*, des remparts *détruits* , des villes *détruites*; 2º lorsqu'il est accompagné de l'auxiliare *être* exprimant l'existence, il s'accorde en genre et en nombre avec le nominatif du verbe. Exemples : mon frère est *tombé*, ma sœur est *tombée* , mes frères sont *tombés*, mes sœurs sont *tombées* ; 3º lorsqu'il est accompagné du verbe *avoir*, il est tantôt déclinable et tantôt indéclinable.

Dans quel cas le participe passé accompagné de l'auxiliaire avoir *est-il déclinable ?* C'est toutes les fois qu'il est précédé de son accusatif ; il s'accorde alors en genre et en nombre avec cet accusatif qui s'exprime par un des pronoms *me, te, se , nous, vous , le, la, les, que* , ou par un *substantif* précédé des mots *quel , que de , combien de, autant de*. Exemples :

On *m'a trompée*, dit cette malheureuse mère. L'accusatif du participe *trompée* est le pronom *me* qui est féminin, puisque c'est une femme qui parle ; cet accusatif est avant le participe, il y a par conséquent accord. Ecrivez de même avec accord les participes suivans.

Ma sœur, on *t'a avertie*.

Il *nous* a *amusés*.

Je *vous* ai *appelés*.

Où est mon livre ? Je te *l'ai rendu*.

Donnez-moi cette lettre. Je *l'ai perdue*.

Voyez ces jetons, je *les* ai *gagnés*.

Lisez la fable *qu'il a composée*.

Quels services il m'a *rendus !*

Que de paroles il a *dites !*

Combien de lettres avez-vous *écrites ?*

Autant de batailles il a *livrées, autant de victoires* il a *remportées*.

Dans quel cas le participe passif, accompagné du verbe avoir, *est-il indéclinable ?* C'est lorsqu'il n'a point d'accusatif ou que l'accusatif le suit. Exemples : *cette plante a langui*. Le participe *langui* est invariable, parce qu'il est accompagné du verbe *avoir* et qu'il n'a pas d'accusatif. *Cette rose a conservé sa fraîcheur ;* l'accusatif *fraîcheur* est placé après le participe, par conséquent point d'accord. Il résulte de cette règle que les participes des verbes neutres conjugués avec *avoir* ne se déclinent jamais.

Quelle règle suit le participe passif, accompagné du verbe être *mis à la place du verbe* avoir ? Il suit la même règle que s'il était accompagné du verbe avoir, c'est-à-dire qu'il s'accorde quand son accusatif le précède, et qu'il reste invariable quand son accusatif le suit ou quand il n'en a point. D'après cette règle, les participes passifs des verbes essentiellement réfléchis se déclinent toujours, parce que le pronom qui les précède est toujours à l'accusatif ; les participes des verbes réfléchis actifs se déclinent quand ils sont précédés de leur accusatif ; les participes des verbes réfléchis neutres restent toujours invariables. Exemples :

Ils *se* sont *repentis*. L'accusatif *se* est avant le participe , par conséquent accord.

Ces hommes *se* sont *proposés* pour remplir cette place. L'accusatif *se* est avant le participe, par conséquent accord.

Ces enfans se sont *proposé une question* à résoudre. L'accusatif *question* est après le participe, par conséquent point d'accord.

Ils se sont *nui*, ils se sont *plu*. Les verbes *se nuire* et *se plaire* étant réfléchis neutres, les participes *nui* et *plu* sont invariables.

CHAPITRE VIII.

ADVERBE.

Comment les adverbes qui marquent la manière sont-ils ordinairement terminés ? Ils sont terminés presque tous en *ment*.

D'où se forment-ils ? Ils se forment des adjectifs, en ajoutant *ment* à ceux qui sont terminés

au masculin par une voyelle , comme *sagement*
de sage , *poliment* de poli (excepté *impunément*,
qui vient d'impuni), et en ajoutant *ment* au féminin de ceux qui , au masculin , sont terminés par
une consonne, Ainsi de grand, grande, on fait
grandement; de franc, franche, on fait *franche-
ment*, etc. D'autres changent l'*e* muet en *é* fermé:
tels sont : commode qui fait *commodément*,
aveugle *aveuglément. Gentille* fait *gentiment.*

Comment les adjectifs terminés en nt *forment-ils
leurs adverbes ?* Ils changent *nt* en *m* et prennent
en outre la terminaison *ment*; de prude*nt* on fait
prudemment, de mécha*nt méchamment.*

CHAPITRE IX.

CONSTRUCTION DES PHRASES.

De la phrase et des parties qui la composent.

Qu'est-ce qu'une phrase ? C'est la réunion de
plusieurs mots qui forment un sens complet.

*Combien la phrase a-t-elle de parties essen-
tielles?* Elle en a deux : ce sont le *sujet* ou nominatif et le *verbe* personnel avec l'attribut.

*Par quelles questions peut-on distinguer le sujet
et le verbe de la phrase?* Le sujet répond à la
question QUI ou QUOI? le verbe aux questions
QU'EST-IL ? QU'A-T-IL? QUE FAIT-IL ? Exemple

Le soldat combat. QUI? *le soldat;* c'est le sujet. QUE FAIT-IL? *combat;* c'est le verbe.

Combien la phrase a-t-elle de parties acciden- telles ou secondaires? Elle en a trois, ce sont : 1° *le régime direct* ou l'accusatif d'un verbe actif; 2° *le régime indirect,* c'est-à-dire tout mot com- plétant le sens d'un verbe actif, passif ou neutre et s'y liant par le moyen des prépositions *de, à, par, pour,* etc. ; 3° *le déterminatif,* c'est-à-dire les expressions et les phrases adverbiales qui détermi- nent le sens du verbe et qui expriment une cir- constance de temps, de lieu, de manière, de quantité, de motif, de moyen, de condition ou d'opposition.

A quelle question répond le régime direct? A la question QUI ou QUOI? Exemple : *Socrate but la ciguë.* — QUI? *Socrate,* sujet. QUE FIT-IL ? *but,* verbe. QUOI? *la ciguë,* régime direct.

A quelles questions répond le régime indirect ? Aux questions DE QUI ? DE QUOI? A QUI? A QUOI? PAR QUI ? PAR QUOI? POUR QUI? POUR QUOI? etc. Exemples : il est content (*de qui?*) de vous. — Il décide (*de quoi?*) de mon sort. — Il parle (*à qui?*) à ses enfans. — Je pense (*à quoi?*) à mes affaires. — Alaric fut tué (*par qui?*) par Clovis. — Il est abattu (*par quoi?*) par le malheur. — Il travaille (*pour qui?*) pour vous. — Il combat (*pour quoi?*) pour la gloire.

A quelles questions répondent les déterminatifs ? Aux questions QUAND? OU? COMMENT? COMBIEN? POURQUOI? PAR QUEL MOYEN ? DANS QUEL CAS?

MALGRÉ QUOI? Exemples : il partira (*quand?*) dans un mois. — Il demeure (*où?*) chez moi. — Il répond (*comment?*) avec assurance. — Il étudie (*pourquoi?*) pour devenir savant. — Il a réussi (*par quel moyen?*) par son adresse. — Donnez beaucoup (*dans quel cas?*) si vous avez beaucoup. — Il fut emmené (*malgré quoi?*) malgré ses cris.

Modifications des parties de la phrase.

Qu'est-ce que les modifications? Ce sont les mots qui modifient ou qualifient le sens des noms ou des verbes de la phrase.

Quelles sont les modifications des noms? Ce sont 1° L'ADJECTIF avec ou sans régime. Exemples : le *sage* Aristide; un homme *courageux*, *utile à l'état*, *doué de vertu*; des remparts *détruits*; 2° UN AUTRE SUBSTANTIF, exprimant le même objet, c'est ce qu'on appelle apposition. Exemples : *le roi* David; Rome, *ville éternelle*; 3° UN SUBSTANTIF DE CAS GÉNITIF. Exemples : Philippe *de Macédoine*; la maison *de la commune*; les intérêts *du public*; la chute *de l'empire*; 4° UNE PHRASE commençant par un pronom relatif. Exemples : un ami *qui vous estime*; la grâce *que vous demandez*; la personne *dont on vous a parlé*.

Quelles sont les modifications des verbes? Ce sont 1° LES ADVERBES. Exemples : vous vous couduisez *sagement ;* il travaille *beaucoup ;* 2° LES ADJECTIFS joints à un verbe neutre. Exemples : nous partîmes *contens ;* il demeura *immobile ;* 3° LES SUBSTANTIFS joints à certains verbes d'existence, ou à certains verbes passifs. Exemples : il est devenu *le maître ;* le lion est appelé *le roi* des animaux ; 4° UN INFINITIF faisant un seul sens avec le verbe. Exemples : je veux *attendre ;* on peut *croire ;* il doit *partir.*

Exemples de la décomposition des phrases.

I.

1. Les rivages disparaissaient.

Quoi ? Les rivages.. *que faisaient-ils ?* disparaissaient.

2. La terre reprend sa verdure.

Quoi ? La terre.. *que fait-elle ?* reprend.. *quoi ?* sa verdure.

3. La précision mène à l'élégance.

Quoi ? La précision.. *que fait-elle ?* mène.. *à quoi ?* à l'élégance.

4. L'or éclate en ses vêtemens.

Quoi ? L'or.. *que fait-il ?* éclate.. *où ?* en ses vêtemens.

5. Tu prêtes tes armes au dieu des combats.

Qui ? Tu.. *que fais-tu ?* prêtes.. *quoi ?* tes armes.. *à qui ?* au dieu des combats.

6. Neptune souleva les flots jusqu'au ciel.

Qui? Neptune.. *que fit-il?* souleva.. *quoi?* les flots.. *où?* jusqu'au ciel.

7. L'homme dépend des autres dès sa naissance.

Qui? L'homme.. *que fait-il?* dépend.. *de qui?* des autres.. *quand?* dès sa naissance.

8. Saint Louis rendait la justice à ses sujets sous un chêne.

Qui? Saint Louis.. *que faisait-il..* rendait.. *quoi?* la justice.. *à qui?* à ses sujets.. *où?* sous un chêne.

II.

9. Il m'aborde avec amitié.

Qui? Il.. *que fait-il?* aborde.. *qui?* moi.. *comment?* avec amitié.

10. Après Saül paraît David.

Qui? David.. *que fait-il?* paraît.. *quand?* après Saül.

11. A cela que répond-il?

Qui? il.. *que fait - il?* répond.. *quoi?* quelle chose.. *à quoi?* à cela.

12. Dans ce désordre à mes yeux se présente un jeune enfant.

Dans quel cas se sert-on du point et virgule ?

1° Il se met après une phrase finie, mais suivie d'une autre qui s'y rattache par le sens. Ex. :

Un fils ne s'arme point contre un coupable père ;
Il détourne les yeux , le plaint et le révère.

2° On fait encore usage du point et virgule pour séparer les parties principales dans les énumérations. Exemple :

Parler beaucoup et bien, c'est le talent du bel esprit; parler peu et bien , c'est le caractère du sage ; parler beaucoup et mal, c'est la manie du fat; parler peu et mal, c'est le malheur du sot.

Quel usage fait-on des deux points ? Ils se mettent :

1° Après une phrase finie, mais suivie d'une autre qui sert à l'étendre ou à l'éclaircir. Ex. :

Les délicats sont malheureux :
Rien ne saurait les satisfaire.

2° Quand on rapporte les paroles de quelqu'un, ou avant une citation. Exemple :

Philippe disait : je ne crains pas les Athéniens; je ne crains que Démosthènes.

3° Après la phrase qui précède une énumération. Exemple :

Un sage ami, toujours rigoureux, inflexible,
Sur vos fautes jamais ne vous laisse paisible :
Il ne pardonne point les endroits négligés ;
Il renvoie en leur lieu les vers mal arrangés ;
Il réprime des mots l'ambitieuse emphase, etc.

BOILEAU.

11.

REMARQUE. Si l'énumération se trouvait placée avant la phrase principale, c'est immédiatement après cette énumération qu'il faudrait mettre les deux points. Ex. : Ne régner que pour couronner la justice ; donner à ses desirs des bornes moins étendues qu'à sa puissance ; ne faire sentir son pouvoir à ses peuples que par le nombre de ses bienfaits : telle est la véritable image de la grandeur d'un roi.

Dans quel cas se sert-on du point absolu ? On le met après une phrase dont le sens est entièrement fini. Exemple : Le fantasque veut être seul et ne peut supporter la solitude. Il revient à la campagne et s'aigrit contre elle. On se tait ; ce silence affecté le choque. On parle tout bas ; il s'imagine que c'est contre lui.

Dans quel cas se sert-on du point interrogatif ? Après toutes les phrases interrogatives. Exemple :

Qu'est-ce qu'un château ? c'est souvent un lieu où l'on voit la grandeur en petit et le ridicule en grand.

Quand faut-il se servir du point exclamatif ? Il faut le mettre après toutes les phrases qui expriment un sentiment que l'âme éprouve. Il se met encore après les vocatifs, employés comme exclamation. Exemple :

Où suis-je ? ô trahison ! ô reine infortunée !
D'armes et d'ennemis je suis environnée !

FIN.

LIBRAIRIE

DE JULES RENOUARD,

RUE DE TOURNON, N.º 6, A PARIS.

CATALOGUE

DE LIVRES A L'USAGE DE LA JEUNESSE.

Le Catalogue général sera envoyé franc de port aux personnes qui en feront la demande.

GAULTIER (L.), COURS D'ÉTUDES ÉLÉMENTAIRES POUR LES ENFANS, comprenant la Lecture, l'Écriture, l'Arithmétique, la Géométrie, les Langues française, latine, italienne, la Géographie, la Chronologie et l'Histoire, l'Art de penser et d'écrire, etc., etc. 22 vol. in-18, 6 vol in-12, 7 cahiers in-fol., et plusieurs étuis, etc., etc., renfermés dans une boîte. 66 fr.

NOTICE DÉTAILLÉE DE TOUS LES OUVRAGES DE L'ABBÉ GAULTIER.

Lecture, Ecriture, Calcul, Géométrie.

BOITE TYPOGRAPHIQUE pour apprendre à lire aux enfans. 5 fr.

LECTURES GRADUÉES pour les enfans du premier âge, 2 vol. in-18, cartonnés. 3 fr.

LECTURES GRADUÉES pour les enfans du second âge. 3 vol. in-18, cartonnés. 4 fr. 50 c.

PRINCIPES D'ÉCRITURE CURSIVE, en 38 modèles brochés en 5 cahiers. 2 fr. 30 c.

— Les mêmes, collés sur carton, en étui. 5 fr.
Chacun de ces cahiers peut être pris séparément.

ELÉMENS D'ARITHMÉTIQUE, rendus sensibles aux yeux par des jetons coloriés. 1 vol. in-12, cartonné. 1 fr. 25 c.

Notions de Géométrie pratique, in-12, broché.
    1 fr. 25 c.

Langue française.

Leçons de grammaire en action. 3 vol. in-18, cartonnés.   4 fr. 50 c.

Leçons de grammaire et d'orthographe. 1 vol. in-18, cartonné.   1 fr. 50 c.

Atlas de grammaire, contenant des tableaux analytiques pour la construction des phrases, in-fol., broché.   4 fr.

Etiquettes du jeu de grammaire en un étui.   1 fr. 50 c.

Cahier de 10 feuilles in-folio pour l'analyse grammaticale.   1 fr. 25 c.

Géographie.

Cours élémentaire de géographie, entièrement refondu et considérablement augmenté par MM. de Blignières, Demoyencourt, Ducros et Leclerc, ses élèves. Savoir :

Leçons de géographie, divisées en trois parties : Ire *partie*. Nomenclature des différens endroits de la terre; IIe *partie*. Notions de Géographie historique, physique et politique; IIIe *partie*. Élémens de Cosmographie. 1 vol. in-18 de près de 400 pages, cartonné, avec une planche (1828).   1 fr. 50 c.

Atlas de géographie, contenant 7 cartes coloriées; plus une feuille d'étiquettes pour le jeu de Géographie. In-folio, broché (1828).   6 fr.
Chacune des 8 cartes de l'Atlas peut être achetée séparément. Prix de chaque.   1 fr.
— Collée sur carton.   1 fr. 25 c.

Etiquettes du jeu de géographie, en un étui. 2 fr.

Chronologie et Histoire.

Histoire sainte. 1 vol. in-18, cartonné. 1 fr. 50 c.
Histoire de France. 1 vol. in-18, cartonné.   1 fr. 50 c.

MÉDAILLONS des rois de France en un étui.
2 fr. 5o c.

HISTOIRE ANCIENNE. 1 vol. in-18, cartonné.
1 fr. 5o c.

HISTOIRE MODERNE. 1 vol. in - 18 , cartonné.
1 fr. 5o c.

Art de penser et d'écrire.

MÉTHODE pour analyser la pensée et pour faire des abrégés. 1 vol. in-18, cartonné. 1 fr. 5o c.

EXERCICES sur la construction logique des phrases et des périodes françaises. 1 vol. in-18 , cartonné. 1 fr. 5o c.

CONSTRUCTION et analyse graduée des phrases et des périodes françaises, en tableaux, in-fol. 2 fr.

MÉTHODE pour exercer les jeunes gens sur la composition française. 2 vol. in-12 , brochés. 3 fr.

CAHIER de 10 feuilles in-folio pour l'analyse de la pensée. 1 fr. 25 c.

Langues latine et italienne.

MÉTHODE pour entendre la langue latine sans connaître les règles de la composition. 1 vol. in-18, cartonné. 1 fr. 25 c.

PHRASES LATINES graduées. in - 18 , cartonné. 1 fr. 5o c.

PÉRIODES LATINES graduées. in-18 , cartonné. 1 fr. 5o c.

CONSTRUCTION et analyse graduée des phrases et des périodes latines en tableaux, gros cahier in-folio, cartonné. 4 fr.

APPLICATION de cette méthode au premier livre des odes d'Horace. in-folio, broché. 2 fr.

MÉTHODE pour entendre et pour parler la langue italienne. 1 vol. in-12, broché. 1 fr. 5o c.

Versification , etc.

TRAITÉ de la mesure des vers français. 1 volume in-12, broché. 1 fr. 5o c.

Jeu des fables, sujets choisis de La Fontaine.
1 volume in-18, cartonné.   1 fr. 25 c.
Traits caractéristiques d'une mauvaise éducation,
ou Principes de la politesse. 1 volume in-18,
cartonné.   1 fr. 25 c.
Sac contenant cent jetons de couleur, pour les différens exercices du Cours.   1 fr. 80 c.

N. B. La collection complète de ces ouvrages, renfer-
mée dans une boîte, 66 fr.

Le Petit Cours, extrait du *Cours complet*, contient
3 volumes, savoir :
Syllabaire et premières lectures. 1. vol. 1 fr. 50 c.
Elémens de grammaire et d'orthographe. 1 vol.
                    90 c.
Elémens de géographie, extraits des Leçons de
Géographie. In-18, cartonné.   75 c.
Méthode pour apprendre à calculer facilement,
d'après Lancaster, *deuxième édition*, in-12,
broché.   80 c.

Leçons de géographie ancienne, par un élève
de l'abbé Gaultier. 1 volume in-18, cartonné.
                    1 fr. 50 c.
Atlas de géographie ancienne, contenant 10 cartes,
in-folio.   10 fr.
— Le même, sans les 5 cartes muettes.   6 fr.

Exposé analytique des méthodes de l'abbé Gaultier,
par L. P. de Jussieu. *Paris*, 1822, 1 volume in-8.
                    4 fr. 50 c.
BONIFACE (A.), Introduction a l'étude de la
Géographie, ou Connaissances préliminaires de
cette science, comprenant des notions d'histoire

naturelle, d'astronomie, et les définitions des principaux termes de géographie. *Paris,* 1826, 1 fort vol. in-12, avec 8 planches, dont une coloriée. 4 fr.

BONIFACE (A.), Lecture graduée pour les Enfans, seconde édition, 2 vol. in-8 (1827).

Ire partie, orthographe régulière. In-8. 1 fr.

IIe partie, orthographe irrégulière, in-8. 2 fr.

BONIFACE (A.), Grammaire française, méthodique et raisonnée, rédigée d'après un nouveau plan et fondée sur un grand nombre de faits et sur l'autorité des grammairiens les plus estimés, ouvrage dont le but est de faciliter l'enseignement et l'étude de langue française. 1 fort vol. in-12 (1829). 2 fr. 50 c.

BOSSUET, Oraisons funèbres, avec des commentaires par P. F. Calonne, professeur au collège de Henri IV. *Paris,* 1826, 2 vol. in-12. 5 fr.

BUFFON, Morceaux choisis, ou Recueil de ce que ses écrits offrent de plus parfait sous le rapport du style et de l'éloquence, 1 vol. in-18, avec 55 gravures en bois. 2 fr. 25 c.

— In-12, papier fin, figures et portrait. 5 fr.

COLART (Instituteur des Enfans de France), Histoire de France représentée par des tableaux synoptiques et par 70 gravures, employée pour l'éducation des Enfans de France. 1 vol. in-8, oblong, cart. (1826). 20 fr.

DEGERANDO (M. le Baron), membre de l'Institut, du Perfectionnement moral, ou de l'Éducation de soi-même. *Seconde édition, Paris,* 1826, 2 vol. in-8. 14 fr.

DEGERANDO, Le Visiteur du Pauvre. *Seconde édition, Paris,* 1826, 1 fort vol. in-8. 7 fr.

DESCARTES, Discours de la méthode pour bien conduire sa raison et chercher la vérité dans les

sciences, nouvelle édition précédée d'une notice
biographique, par M. A. Michelot. *Paris*, 1825.
1 vol. in-18, papier fin satiné.   2 fr.

DESCARTES, Méditations métaphysiques, nouvelle édition, ornée d'un portrait. *Paris*, 1825,
1 vol. in-18, papier fin satiné.   2 fr. 50 c.

DROZ (Jos.), de l'Académie française, Essai sur
l'art d'être heureux. *Sixième édition. Paris*,
1825, 1 vol. in-18.   3 fr.

DROZ (Jos.), de la Philosophie morale, ou des
différens systèmes sur la science de la vie. *Troisième édition. Paris*, 1825, 1 vol. in-18.   3 fr.

DROZ (Jos.), Application de la Morale a la
politique. *Paris*, 1825, 1 vol. in-8.   5 fr.

DROZ (Jos.), Etudes sur le beau dans les Arts.
Seconde édit. Paris, 1826, 1 vol. in-8. 4 fr. 50 c.

DROZ (Joseph) Economie politique, ou Principes de la Science des Richesses. 1 vol. in-8. 7 fr.

DUCKETT (William), Nouvelle grammaire
anglaise, 1 vol. in-12 (1828).   2 fr. 50 c.

FAERNE, Fables choisies. *Paris*, 1805, in-4,
figures.   5 fr.

FRANKLIN, Mélanges de Morale, d'économie
et de politique, extraits de ses ouvrages, et précédés d'une notice sur sa vie, par A.-Ch. Renouard,
avocat. *Seconde édition, Paris*, 1826, 2 vol.
in-18. Portraits.   5 fr.

FRANKLIN (Benjamin), Mémoires. Traduction
nouvelle, 2 vol. in-18 avec 2 portraits.   6 fr.

FRANKLIN, Conseil pour faire fortune, précédé d'un calendrier, et d'une notice sur Franklin, suivi de l'ordonnance de Louis XVIII
sur la Caisse d'Epargne et de Prévoyance, in-18,
broché.   25 c.

— *Les* 100 *exemplaires*.   20 fr.

INSTITUTION des Enfans, ou Distiques latins de

Qui ? un jeune enfant.. *que fait-il ?* présente.. *qui ?* se , lui.. *à quoi?* à mes yeux.. *où ?* dans ce désordre.

III.

13. La rage et l'impiété étaient peintes sur son visage.

Quoi ? La rage et l'impiété.. *qu'étaient-elles ?* étaient peintes.. *où ?* sur son visage.

14. Une noire tempête enveloppa le ciel et irrita les ondes de la mer.

Quoi ? Une noire tempéte.. *que fit-elle ?* enveloppa.. *quoi?* le ciel.. *que fit-elle encore ?* et irrita.. *quoi ?* les ondes de la mer.

15. La véritable éloquence suppose l'exercice du génie et la culture de l'esprit.

Quoi ? La véritable éloquence.. *que fait-elle ?* suppose.. *quoi ?* l'exercice du génie et la culture de l'esprit.

16. Toute la côte retentissait des cris des ouvriers et des coups de marteaux.

Quoi ? Toute la côte.. *que faisait-elle ?* retentissait.. *de quoi ?* des cris des ouvriers et des coups de marteaux.

17. La brebis est absolument sans ressource et sans défense.

Quoi ? La brebis.. *qu'est-elle ?* est absolument.. *comment?* sans ressource et sans défense.

3° Pour séparer les phrases de même espèce et ayant peu d'étendue, exemple : A la mort de J.-C. le ciel s'obscurcit, la terre trembla, le voile du temple se déchira, les tombeaux s'ouvrirent et les morts ressuscitèrent ;

4° Pour distinguer dans une phrase les parties qui peuvent en être détachées sans que le sens de la phrase soit altéré. Exemples :

> Je saurai, s'il le faut, victime obéissante,
> Tendre au fer de Calchas une tête innocente.

On pourrait dire sans altérer le sens de la phrase : Je saurai tendre au fer de Calchas une tête innocente.

> Ce que j'ai fait, Abner, j'ai cru le devoir faire.

On pourrait également dire : ce que j'ai fait, j'ai cru le devoir faire.

Il en est de même des exemples suivans : François Ier, dans sa magnificence pour les lettres, sembla oublier notre langue. — Le ciel, dit-il, m'arrache une innocente vie. — Le temps, qui fuit sur nos plaisirs, semble s'arrêter sur nos peines.

5° La virgule s'emploie encore pour tenir lieu d'un verbe sous-entendu. Exemple :

> L'Aigle avait ses petits au haut d'un arbre creux ;
> La laie, au pied ; la chatte, entre les deux.

La virgule tient lieu de *avait ses petits*

Muret, avec leur traduction en vers en cinq langues. *Paris*, 1808, in-12, cartonné.   1 fr. 10 c.

JOUY, de l'Academie française, Jeu d'Astronomie, composé de 48 cartes, renfermées dans un étui (1829).   2 fr.

— Jeu de Botanique, composé de 48 cartes renfermées dans un étui (1829).   2 fr.

Complément de la collection des Jeux instructifs par le même Auteur, et qui se compose de quinze Jeux, savoir :

Lecture.	Histoire de France.
Chronologie.	Histoire d'Angleterre.
Géographie.	Histoire des Animaux.
Histoire Sainte.	Mythologie.
Nouveau Testament.	Musique.
Histoire Ancienne.	Astronomie.
Histoire Romaine.	Botanique.
Histoire des Empereurs.	

Chacun de ces Jeux contenant 48 cartes renfermées dans un étui.   2 fr.

Le jeu de géographie, avec une planche, coûte   2 fr. 50 c.

JUSSIEU (L. P. de), Simon de Nantua, ou le Marchand forain. *Quatrième édition. Paris*, 1826, in-12.   2 fr. 25 c.

LA FONTAINE, Fables. *Paris*, 1811, 2 vol. in-12, avec 266 gravures pap. vélin.   7 fr. 50 c.

LAMP (J.-F.), Tables synchronistiques de l'histoire universelle, ancienne et moderne, contenant les principales époques de l'histoire politique, religieuse et littéraire, ainsi que celles des découvertes les plus importantes. *Strasbourg*, 1825, 1 vol. in-4.   5 fr.

LESAGE (comte de Las Cases), Carte d'Allemagne politique actuelle ou Confédération germanique (1827). Tableau grand in-fol., colorié. 5 fr.

— Feuille complémentaire pour 1828. Grand in-folio. 5 fr.

Ces deux cartes, avec les trois suivantes servent à compléter toutes les anciennes éditions de l'Atlas de Lesage.

Amérique historique, physique et politique en 1825. 5 fr

Etats-Unis d'Amérique, en 1826. 5 fr.

Europe historique et politique, en 1826. 5 fr.

LEVY, Enigmes historiques, géographiques, mythologiques, iconologiques, biographiques, etc., à l'usage des collèges et des maisons d'éducation. *Paris*, 1823, in-18, cart. 1 fr. 50 c.

MABLY, Entretiens de Phocion, sur le rapport de la Morale avec la Politique, précédés de l'Eloge de Mably. *Paris*, 1804, in-18, portrait. 1 fr. 50 c.

MAINTENON (Mme de), L'Esprit de l'institut des Filles de S.-Louis(S.-Cyr).*Paris*, 1808, in-12, portrait. 2 fr.

MANCY (A. Jarry de), Atlas historique et chronologique des Littératures anciennes et modernes, des Sciences et des Beaux-Arts, d'après la méthode et sur le plan de l'Atlas de A. Lesage (comte de Las Cases), et propre à en former le complément. 1 vol. gr. in-fol., composé de 25 tableaux coloriés. (1827—29). Prix pour les souscripteurs. 100 fr.

Cet Atlas se composera de 25 tableaux dont 19 ont déjà paru, et est distribué par livraisons de 2 tableaux. Le prix de chaque livraison est, pour les souscripteurs, de 8 fr.

— En grand papier vélin. 16 fr.

On peut acquérir chaque tableau séparément au prix de 5 fr.

Après la publication de la 13e et dernière li-

vraison, le prix de l'ouvrage complet, en demi-
reliure, sera porté à   120 fr.

MANCY (A. J. DE), ICONOGRAPHIE INSTRUCTIVE,
ou Collection de portraits des personnages les
plus célèbres de l'histoire moderne, accompa-
gnés et entourés d'une notice biographique,
chronologique et bibliographique. Six séries,
composées chacune de 6 livraisons, contenant
4 portraits avec texte. — Les 2 premières séries
(12 livraisons) sont publiées (1828—29). Prix de
la livraison de 4 portraits.   2 fr.

MASSILLON, PETIT CARÊME, in-18.   1 fr. 50 c.
— In-12, papier vélin, portrait.   5 fr. 50 c.

MASSILLON, MORCEAUX CHOISIS ou Recueil de ce
que ses écrits ont de plus parfait, sous le rapport
du style et de l'éloquence, avec l'éloge de Massillon et son portrait. *Paris*, 1810, in-8. 8 fr.
— In-18, papier fin.   2 fr.
— In-18, papier vélin, portrait.   4 fr.

MOREAU le Jeune, HISTOIRE DE FRANCE représentée en 167 gravures, avec le texte au bas de
chaque gravure, et précédé d'un discours historique, in-4, cartonné.   22 fr.

ORDINAIRE (J. J.), OUVRAGES POUR L'ENSEIGNE-
MENT DES LANGUES. LIVRET des désinences, contenant les déclinaisons, les conjugaisons et les
règles de la syntaxe latine. Troisième édition.
1 vol. in-12 (1827).   1 fr. 50 c.

NOMENCLATURE de l'Epitome Historiæ sacræ. Troisième édition. 1 vol. in-12 (1827).   1 fr. 50 c.

NOMENCLATURE complémentaire contenant les
mots du De Viris, de Phèdre et de Cornelius Nepos. In-12 (1827).   1 fr. 50 c.

NOMENCLATURE du De Viris illustribus Romæ, mise
dans un ordre conforme à la méthode de M. J.J.

Ordinaire, par MM. Michelot et Bessières. 1 vol. in-12 (1826). 1 fr. 50 c.

Nomenclature des Fables de Phèdre, par *les mê-mes*. 1 vol. in-12 (1825). 1 fr. 25 c.

Nomenclature de Cornelius Nepos, par *les mêmes*. 1 vol. in-12 (1825). 1 fr. 25 c.

Nomenclature d'Initiatifs et de Terminatifs latins à l'usage des élèves qui suivent la méthode de M. J. J. Ordinaire. 1 vol. in-12 (1827). 1 fr. 50 c

Tableaux de désinences et de nomenclatures; 36 feuilles. 212 fr.

N. B. Un seul exemplaire suffit à une école quelque nombreuse qu'elle soit.

Méthode pour l'enseignement des langues. *Deuxième édition.* 1 vol. in-12. (*Sous presse.*)

Manuel de l'instituteur pour l'application de la Méthode. 1 vol. in-12. (*Sous presse.*)

Racines grecques, classées dans l'ordre de leurs désinences, par A. Taillefer, précédées de considérations sur l'analogie et sur la mémoire, par M. Ordinaire, in-12 (1826). 2 fr. 50 c.

PASCAL, Pensées, 2 vol. in-18, papier fin. 3 fr.

RANSONNETTE, Premières leçons sur une partie des Sciences et des Arts libéraux. *Paris*, 12 cahiers in-4, avec 86 fig. 48 fig.

RENOUARD (A.-Ch.), Élémens de morale. *Seconde édition. Paris*, 1820, in-12. 2 fr. 25 c.

RENOUARD (A.-Ch.), Considérations sur les lacunes de l'éducation secondaire en France. *Paris*, 1825, in-8. 2 fr. 50 c.

IMPRIMÉ CHEZ PAUL RENOUARD,

RUE GARENCIÈRE, N. 5.

www.ingramcontent.com/pod-product-compliance
Ingram Content Group UK Ltd.
Pitfield, Milton Keynes, MK11 3LW, UK
UKHW021730090726
13657UKWH00002B/608